DE LA MÊME AUTRICE :

Avec Basile de Koch et les Jalons

Élysez-les tous !, Olivier Orban, 1988.

L'Alboum des années 80, Jalons, 1990.

L'Alboum Jalons 90, Jalons, 1991.

Politique, mode d'emploi, Presses de la Cité, 1994.

Les Dossiers secrets des Renseignements Généraux, Michel Lafon, 1995.

L'Histoire de France de Cro-Magnon à Jacques Chirac, Michel Lafon, 1996, rééd. 1997.

Le Monde d'Anne-Sophie, Michel Lafon, 1997. Interdit à la vente par décision du TGI de Paris en date du 25 septembre 1997 pour « plagiat, contrefaçon et parasitisme ».

Le Manifeste foutiste, Traité de sagesse à l'usage des petits et des glands, Lattès, 2000.

Frigide Barjot

J'ÉLÈVE MON MARI

•MARABOUT•

Un grand merci à :

– Rosy Glaucq, ma confidente ;

– Sam Bloch, Youri Ligotmy, Eva Danlemure, Prof, Agathe de Blouze et tous mes amis les Jalons ;

– Basile de Koch, mon mari actuel.

F.B

« J'aimerais simplement
un homme gentil et compréhensif.
Est-ce trop demander à un millionnaire ? »

Carmen Electra

INTRODUCTION

À toutes ces épouses qui ont un mari...

Chères lectrices, mes semblables, mes sœurs,

Comment vous dire à quel point je suis heureuse de vous sauver la vie, la face et la mise ? Face au mari qui vous est échu, vous vous posez tant de questions !

« Me voit-il ? Pourquoi crie-t-il ? M'entend-il ? Sa mère sera-t-elle toujours jalouse ? Faut-il le peser tous les jours ? Comment choisir ses caleçons ? Ah bon, tu crois ? Les slips c'est mieux ? »

Au début, élever un mari semble bien compliqué. D'autant plus lorsqu'il s'agit d'un premier mari : on voudrait tout bien faire, on s'inquiète pour un rien, on croit qu'un mari c'est très fragile.

Chères épouses, au seuil de l'aventure que vous allez vivre, permettez-moi de vous faire une suggestion : profitez au maximum de votre mari. Les statistiques INSEE le prouvent : un mari vous fait rarement toute la vie.

Vous pouvez toujours le bricoler, bien sûr, parfois même avec succès ; mais au bout du compte, vous serez sans doute amenée à le remplacer. Si vous l'avez correctement élevé, vous vivrez bien cet épisode, dont vous retirerez de jolis souvenirs (un premier mari ne s'oublie jamais) et la moitié de tout ce qu'il possède, plus 30 % de ses revenus (pour peu que vous ayez pris la précaution élémentaire de vous marier sous le régime de la communauté de biens).

Je sais, au début, ce n'est pas facile ! Tous les gestes sont nouveaux, on s'affole dès qu'il bougonne. On pense qu'on n'aura jamais le temps de s'asseoir à côté de lui, sans rien faire, pour le regarder boire frais en lisant Max, pour l'écouter, lui demander pourquoi il nous a offert pour la Fête des Mères une guêpière taille 44, alors qu'on s'interdit de respirer de peur d'exploser notre 38...

Rassurez-vous, les habitudes se prennent vite, l'expérience s'acquiert plus rapidement qu'on ne croit et, dans quelques mois, il aura compris qu'il faut toujours offrir à une femme un 36 (avec le ticket de caisse pour échanger).

De votre côté, vous allez devoir abandonner certaines activités superflues (musées, théâtre, lectures intelligentes, amants délocalisés) pour le suivre au stade, dans les dîners organisés par son patron, au cinéma d'action garanti « 100 mots de vocabulaire TTC », dans les foires-expositions...

Et puis, votre mari va vieillir beaucoup plus vite que vous ne l'imaginez aujourd'hui. Le jeune homme un peu fou, c'est prouvé scientifiquement, va s'estomper peu à peu derrière un quadra avec implants et idées libérales, avant de s'engloutir définitivement au fond d'un papy grisâtre.

Raison de plus pour profiter au maximum de ce moment où il incarne encore l'homme de votre vie, votre « amour éternel » à la Tristan et Iseult *, le « soleil de votre

---

* Genre de Stone et Charden, en plus grave à la fin.

ombre » et, par ailleurs, un encore assez « bon coup ». Mais je vous entends vous demander intérieurement : comment faire, et par où commencer ?

C'est vrai qu'au début tout est à découvrir, surtout si ce mari est votre premier. Heureusement, l'expérience des autres apporte beaucoup. Voici donc mon « beaucoup » à moi : ma participation, à la fois théorique et pratique, à l'élevage correct du mari.

LA VIE PRATIQUE DU MARI

1. Où le ranger ?

Un mari, ça prend de la place...

La chambre sera assez grande pour que cohabitent sans se chevaucher vos affaires, impeccablement rangées, et les siennes. Pour tracer une frontière subliminale, un petit truc tout simple et infaillible : pschittez abondamment votre parfum sur votre moitié de territoire. Terrifié à l'idée de sentir L'Heure bleue au bureau, il repliera bien vite sa garde-robe en vrac vers l'autre bout de la pièce. Un jour peut-être, il envisagera même de la stocker dans le placard. On ne sait pas quand. On ne peut pas savoir.

Cela fait partie des merveilleux mystères du mariage. On constate cependant que le goût de l'ordre vient au mari en même temps que celui des chaussons dits « charentaises », fourrés pure laine polyamide : ne le bousculez donc surtout pas ; vous n'êtes pas pressée d'y être.

Le coin du mari

L'armoire ou les placards : vous ne réussirez jamais à lui faire honte avec vos vêtements parfaitement pliés, triés, alignés ; vos piles de t-shirts rangés par couleur, manches longues à gauche de l'étagère, manches courtes à droite, etc. Alternative : soit vous rangez ses affaires tous les jours, puisqu'il détruit, cet Attila, vos piles artistiques en choisissant systématiquement le t-shirt du bas. Soit – plus pédagogique, mais dur pour les nerfs – vous n'ouvrez jamais son placard. Quand il devra y pénétrer équipé d'une lampe et de rations de survie, simplement pour retrouver ses Weston en poney retourné ou son unique smoking, il s'y collera tout seul.

Le lit

Sachez-le d'emblée : il va falloir passer quelques nuits blanches à délimiter votre territoire dans le lit conjugal (du 160 minimum, puisqu'il avait l'habitude d'occuper l'intégralité des 140 cm de son lit de célibataire). Pour conquérir votre part de matelas, l'arme la plus efficace reste le pied glacé collé à son mollet. Arpentez longuement le carrelage du couloir ou de la cuisine avant de vous coucher, et collez fermement. S'il s'agite, s'il proteste : faites semblant de dormir. Restez collée jusqu'à reflux complet de l'ennemi chéri.

L'autre branche de l'alternative : faire chambre à part. Si vous trouvez ça « triste » ou « bourgeois », c'est que vous ne l'avez pas encore entendu dans l'intégrale de son répertoire pour sinus bouchés. Non seulement il ronfle, mais il sait tout aussi de l'art du grincement de dents. Sans oublier qu'il parle en anglais à son patron dans ses rêves.

Mon truc en plus

*La solution radicale : faire appartements séparés. Top luxe, très chic, très cher. Épée de Damoclès immobilière, l'appartement séparé permet, en cas de crise, un repli qui vaut Prozac. Plus de cris, plus de bouderies, plus d'attente devant le micro-ondes en silence : rien qu'un bon lit, une vidéo d'*Ally Mc Beal *et des copains homos à qui tout raconter au téléphone.*

2. Comment le nourrir ?

Pâtes, riz ou féculents ?

« Quand ça ne fait pas grossir, ce n'est pas vraiment bon. » Vous n'aurez pas assez d'une vie pour lui prouver le contraire. Il va falloir être forte. Mais ne rêvez pas ! Passer de *Speed-Couscous* à la cassolette de tofu aux brocolis braisés à l'huile de palme, ce n'est possible que si vous avez dix mois à perdre et une vraie vocation pédagogique.

Il se croit sincèrement à l'abri de tout parce qu'il *« fait du sport »*. C'est vrai qu'il sort son équipement de squash, parfois, le dimanche, avec ses amis d'enfance. Moyennant quoi il fume, boit et mange comme un vrai petit Chirac. Parce qu'il fait du sport.

Ce qu'apportent les différents aliments

Beaucoup de plaisir et de kilos selon son régime. Des vitamines, des protéines, des glucides et des lipides selon le vôtre et le dernier *Elle*, qui titre « Maigrir en s'empiffrant », par le Dr Fatboyslim.

Exemples ?

Son menu idéal de mari (il vous traîne dans des bistrots méconnus dès qu'il y a quelque chose à célébrer) : tête de veau, cassoulet complet au confit de canard, pommes sarladaises, paris-brest. Ou clafoutis, quand il a le cafard. (Que les hommes noient parfois leurs soucis dans les pâtisseries prouve qu'au fond d'eux-mêmes, ils sont humains comme nous.)

Votre menu idéal d'épouse : quelques fibres nature et un yaourt. Vous n'avez jamais faim. Il prétend que ce sont les minuscules macarons assortis de chez Ladurée (votre unique petit faible) qui vous coupent l'appétit. N'importe quoi. Qu'est-ce qu'il y connaît, on se demande.

L'atmosphère des repas

Il est souhaitable que les repas se déroulent dans le calme. Tant que le futur époux n'a pas signé son contrat de mariage, on pourra même envisager la méthode dite « sicilienne », qui consiste à le servir avant vous, debout à ses côtés. S'il vous propose de vous asseoir avec lui, c'est gagné !

Tout de suite après le mariage, attendez-vous à quelques surprises. En effet, pendant plusieurs mois, le mari va garder l'habitude de séparer maniaquement les petits pois des lardons, de découper chirurgicalement le gras du jambon, de passer quelques heures à dépiauter un filet de sole et de mettre du ketchup partout, et notamment sur votre tapis Andy Warhol (dans les blancs). Lui faire sans cesse des remarques ne sert à rien : il n'a pas encore compris que, si vous lui rendez la vie impossible, c'est pour son bien.

Désaccoutumance douce et sevrage

Vous ne pouvez pas changer d'un coup toutes ses habitudes de célibataire. Ni égaler la blanquette de sa maman. Donc, procédez à une désaccoutumance progressive. Le sevrage sera une étape difficile mais indispensable. Il s'effectuera, comme pour l'alcool et la drogue, avec douceur et adjuvants anxiolytiques.

Le premier repas normal (avec légumes et salade verte) pourra être proposé par exemple au mari par une épouse en guêpière de dentelle noire et talons perce-tapis. Ainsi convenablement distrait, l'affamé avalera mécaniquement tout ce qui se trouve dans son assiette. Quand ses collègues le féliciteront pour sa silhouette retrouvée, c'est lui qui réclamera des choses légères.

Attention ! On devra remettre immédiatement le mari au régime hautes calories s'il met à profit son physique de play-boy pour draguer la standardiste.

Quelques ruses pour habituer le mari à manger de tout

• L'infiltration sournoise : parmi les provisions, faites côtoyer ses chips, ravioli en boîte et rillettes du Mans avec du jambon de soja, des chips de tofu, des ravioli de marjolaine et des frites surgelées de rhubarbe. Il n'y verra que du feu.

• Le sexe : pour lui faire oublier le J&B de 20 heures et son cortège de gâteaux salés et autres olives aux amandes : du sexe, du sexe, du sexe. Et encore... Face à ce terrible rituel, aucune femme ne se sent vraiment sûre d'elle.

• Le chantage :

« Si t'es pas content, retourne chez ta mère ! », « Tu préfères un sandwich, peut-être ? », « Encore une réflexion, une seule et je saute par la fenêtre, je te préviens, t'es prévenu ! »

• Le jeu : lorsque vous commencez l'alimentation variée, profitez-en pour lui apprendre les fibres, les pâtés végétaux et la batavia avec des baguettes : le repas devient un jeu d'adresse !

• La manipulation : s'il n'en a vraiment pas envie, ne forcez pas le mari à boire vos jus multi-légumes, mais arrangez-vous pour lui glisser que cela rajeunirait son organisme davantage que sa nouvelle coupe à la Jean-Michel Jarre. Alors, tout flippé devant son torse creux et sa sangle abdominale flapie, il se tournera vers vous, votre beurre sans matière grasse et vos pousses de légumes vapeur.

• Le cadeau-bonux : toute nouveauté doit s'accompagner d'une compensation. Pour faire accepter la verdure, y cacher un œuf dur-mayo. Ou carrément des frites.

• La résignation héroïque : s'il refuse tout changement, ne vous énervez sous aucun prétexte, pratiquez plusieurs respirations abdominales, le meilleur moyen naturel de déstresser (pour plus d'efficacité, avalez deux Témesta). Puis rejoignez-le à table, et montrez-vous pédagogue : *« Mon chéri, enfin ! Tu ne peux pas manger une omelette aux pommes de terre tous les soirs, tout de même ! »* Lorsqu'il vous répond : *« Ah non ? Et pourquoi pas ? »*, repartez respirer à fond devant votre four à pyrolyse où grille une daurade au citron. Vous en mangerez toute la semaine, elle faisait au moins deux kilos. C'est très sain, de toute façon.

Cassez trois œufs et épluchez une pomme de terre. Attendez les émotions du mari (*« Wouaouh mon amour ! Que c'est bon ! »* Ça me rappelle mes breakfasts en Angleterre. »). N'avalez pas d'arête. Souriez. Pensez à demander à M. Bertin de la BNP d'ajouter des actions Picard et Findus dans votre PEA.

• La manière forte : demandez-lui tous les soirs pendant quelques mois s'il préfère du riz ou des pâtes, jusqu'à ce qu'il vous supplie de lui faire une petite salade. Exigez alors une confirmation écrite et datée. Mais il importe surtout que la volonté de changement vienne de lui. Si c'est à regret qu'il quitte le monde merveilleux de la frite-mayo, il replongera de toute façon rapidement.

Mon truc en plus
Il préfère le riz : ne pas oublier le fromage râpé. S'il préfère les pâtes, ne pas oublier le fromage râpé. Quand il préférera le gratin de brocolis, il faudra tout de même penser au fromage râpé. Le fromage râpé est l'ami du couple.

Nota bene géopolitique

Si le mari est méditerranéen, oubliez toute velléité de régime. Il n'y a guère qu'en Crète (et dans *Marie Claire* de juin) qu'on pratique l'idéal régime dit « crétois ». Partout ailleurs, chaque mets ruisselle d'huile d'olive, tout est frit ou rissolé à la graisse d'oie.

Si le mari est normand, oubliez aussi la Crète. Entre le calva, le cidre, le beurre, la crème et les fromages, il arborera *ad vitam* une physionomie joviale et colorée à la Petitrenaud et une silhouette de percheron.

Si le mari est alsacien, pensez à autre chose. Une bonne tarte flambée (lardons, crème fraîche), suivie d'un baekhöffe (diverses viandes grasses alternant avec des couches de pommes de terre), puis un gros kouglof, c'est très bon, très roboratif, et létal à moyen terme.

Si le mari est Jacques Chirac, c'est fichu d'avance. Il mangera de tout, en abondance et sans arrêt. Mais les présidents maigres ne plaisent pas aux Français (cf. Valéry Giscard, pas foutu de prendre vingt kilos en un septennat, aucune conscience professionnelle, bon débarras. Quant à François Mitterrand, le vrai scandale c'est qu'il a carrément maigri à la fin de son second septennat). Tout ça pour dire qu'un mari ayant tendance à l'embonpoint peut prétendre à un destin national. Alors, qui sait si votre homme ne sera pas un jour président ? Hein ? Qui aurait misé sur Chirac avant son élection ? Hein ?

Les horaires des repas

L'heure du repas peut être sacrée pour le mari (comme chez sa maman, réglée sur le J.T.) ou totalement aléatoire (comme pendant les années avant votre rencontre). Dans les deux cas, imposez d'emblée une grande souplesse, qui vous permettra de continuer à vivre malgré des lubies parfois fatigantes. Exemples : réchauffage de miroton à 3 heures du mat dans la seule casserole pas antiadhésive de votre panoplie. (Jetez vite la casserole et son contenu.) Ou service du soir à 19 h 30 pile, pendant le tunnel de pub du 19-20. Le mari fonctionne beaucoup à la lubie, car le mari est souvent un ancien célibataire.

Mon truc en plus

Ne soyez pas trop rigide sur le point des horaires : « Céder sur l'insignifiant assure un avantage dans le champ du signifiant. * »

* Husserl, *Œuvres complètes*, vol. VIII (trad. Nelson Monfort).

Dans l'ensemble ses horaires seront globalement les mêmes que les vôtres, plus un repas sauvage pour lui (après les ébats ou en cas d'insomnie, par exemple). Cuisinez donc plus qu'il ne serait nécessaire avec une personne autre qu'un mari, c'est-à-dire normale. Et ne cuisinez que des choses réchauffables au micro-ondes : il ne saura jamais se servir de la cuisinière semi-pro. En revanche, il ouvre très bien le frigo.

Pensez à le remplir d'aliments sains : galettes de fibres goût savoyard, yaourt maigre aux pépins de raisin, etc.

Rappel important : « *On dînera à huit heures, je t'ai fait du navarin* », ça n'a aucun sens pour lui. S'il a faim, toutes les cinq minutes il va gémir : « *J'ai faim... Quand est-ce qu'on dîne ?* » N'argumentez pas, n'expliquez pas, ne répétez pas. Donnez-lui un croûton.

Le mari nourri au restaurant

S'il déjeune sur notes de frais chez Alain Ducasse, rien à redire. Il vous racontera ça le soir devant un repas simple réalisé par vous et gardera la forme. Si en revanche il avale tous les jours dans les bureaux de sa start-up, midi et soir, une Giant pizza avec supplément fromage, vous courez à la catastrophe, au cholestérol et au divorce. S'il déjeune au restaurant d'entreprise, le pauvre, il souffre déjà bien assez comme ça : ne le harcelez pas trop le soir à la maison.

Trois idées de repas-types

Menu pour un bon dîner normal

– de bonnes carottes râpées qui font la cuisse rose et qui rendent aimable, avec leur vinaigrette légère (versée discrètement de la bouteille plastique dans l'adôrâble bol en terre cuite de Gien offert par sa maman) ;

– de bonnes tiges de soja bourrées de protéines (équivalentes à un gros steak et trois verres de lait), et une livre de gruyère râpé, pour lui ;

– un bon tofu ;

– un bon yaourt ;

– un bon film pour faire passer le tout.

Menu pour se faire pardonner quelque chose :

– Entrée : farandole du cochon gourmand (salaisons, pâtés en brioche, effilochée des quatre jambons) ;

– Plat principal : régal périgourdin (confit de canard, pommes sautées à cru) ;

– La ronde des fromages affinés à cœur par la Mère Michel ;

– Dessert : suprême aux noix de Lenôtre et son coulis de framboises au thym.

Menu pour le punir de quelque chose :

– salade verte non lavée, sauce soja rance ;

– poisson bouilli au citron sec ;

– endives bouillies sans sel ;

– privé de dessert (ou pire, yaourt Taillefine).

Mon petit lexique conjugal et culinaire

Aliments : à ses yeux, tout ce qui passe par la bouche alimente. Sauf le dentifrice.

Calcium : il le puise principalement dans le plateau de fromages. Vous, dans l'eau minérale, le lait écrémé et les suppléments nutritifs nécessités par votre régime Sulitzer. Mon truc : achetez un large assortiment de boîtes hermétiques si vous ne voulez pas que tout le contenu du frigo soit parfumé au maroilles (y compris vos paris-brest habilement dissimulés dans un tupperware étiqueté « pousses de soja »).

Fer : la seule notion de diététique qu'il ait parfaitement assimilée, c'est que, contrairement à l'idée reçue, le fer se trouve dans le foie, le boudin et la viande rouge, et pas dans les épinards. Compromis : une tranche de foie de veau élevé sous la mère en Corrèze, grillée sous une tombée d'épinards dans un rien de beurre.

Glucides : c'est-à-dire le sucre et les féculents. Quand il réclame *« une poêlée à la Sarladaise »*, traduisez : *« Mon organisme a besoin de sucres lents. »* Servez chaud. N'oubliez pas le râpé. On ne peut jamais savoir à quel moment il faut du râpé au mari.

Lipides : le gras en général. Le mari en consomme énormément, et sous toutes ses formes : beurre au brunch, rillettes entre amis, foie gras en notes de frais, kouign amann en vacances à Ker Plouc'h. Le gras, c'est tout le moelleux et le goût de l'enfance. En matière de cholestérol, les théories vont et viennent, et l'on dit de nos jours que le foie gras est bon pour les artères (au grand dam de ceux qui s'en privent depuis des lustres). Attendez que la science soit fixée pour lui supprimer les toasts au beurre salé le matin avec le thé, *« comme chez Mamie quand j'étais petit »*.

Vitamines : elles sont indispensables au mari. Hélas ! Il ne se jette pas spontanément sur les végétaux en général. N'insistez pas. Achetez des suppléments vitaminiques en comprimés et sauvez votre ménage.

Questions de femmes

Q – Mon mari ne veut pas manger.
R – Il est désorienté. Il n'a jamais vu sur sa table autant de petites choses vertes, de fruits ni de soja (il ne sait d'ailleurs pas ce que c'est). Jusqu'ici, le seul légume vert qu'il connaissait vraiment, c'était le cornichon du sandwich au pâté. « *Et ce bonsaï, là ? Un brocoli, tu es sûre ?* »

Expliquez. Prenez votre élan. Prenez votre temps. Prenez votre Lexomil.

Q – Mon mari boude.
R – Il regrette très sincèrement le gratin dauphinois de sa maman. Sinon, c'est qu'il a vraiment trop mangé. Ou bu. Vérifiez le niveau de la bouteille de vodka avant d'appeler le Samu.

Q – Mon mari est vorace.
R – Certains maris se jettent sur la nourriture. Dans leur hâte, ils avalent autant d'air que de nourriture, ils s'étouffent, et boivent force gorgeons pour faire passer. La méthode recommandée par sa mère : un bon coup de fourchette sur les phalangettes. Elle a toujours fait ça. Ça n'a jamais marché, mais ça défoule.

Q – Mon mari n'a pas faim !
R – Le refus de boire et de manger n'est pas toujours un symptôme inquiétant. Il est possible qu'il sorte de table ou d'un cocktail. Toutefois, lorsque le refus de boire est soudain et radical (le mari refuse même un vrai Martini dry avec l'olive et tout), et lorsque ce refus s'accompagne de cris puis d'un assoupissement, c'est qu'il a la gueule de bois. Ma prescription : trois aspirines et deux baffes.

Q – Mon mari n'a toujours pas faim !
R – Toujours pas faim ? Même devant une bonne omelette aux patates ? C'est grave : remettez d'urgence votre guêpière. Appelez les pompiers. Ou plutôt, commencez par appeler sa maman pour la recette du bœuf en daube.

Mon truc en plus
Prendre aussi un Polaroïd. On ressortira la photo pour se souvenir avec émotion de ce moment rare.

Q – Mon mari est-il assez nourri ?
R – Oui s'il s'affale sur le canapé, se tapote le ventre et s'endort devant la spéciale Tarkovski sur Arte.

Non dans tous les autres cas de figure.

Q – Mon mari a soif.
R – C'est normal. Le stress, les responsabilités, les embouteillages, ça déshydrate. Laissez-le faire : il connaît le chemin des bouteilles, et sait même manipuler un bac à glaçons.

Q – Mon mari a tout le temps très soif.
R – S'il a tout le temps soif, oubliez d'acheter de l'alcool. L'alcool rend le mari loquace mais volumineux, et peut même lui conférer sur le tard un étonnant teint de courge. De façon plus générale, ne vous laissez jamais envahir par les bouteilles d'apéritifs et de spiritueux. Un bourgogne éventé dans le frigo et de l'eau en abondance suffisent amplement. Tout le reste (gin tonic, champagne, scotch), il le consomme déjà, et sans modération, pendant les heures de bureau.

Q – Mon mari peut-il apprendre à manger seul ?
R – C'est possible. À condition que le frigo héberge du poulet froid, du rosbif, des charcuteries variées, du fromage, de la moutarde et de la mayonnaise.
(NB : il vous dérangera quand même dans votre bain, car le mari ne trouve jamais les cornichons.)

Q – Mon mari a-t-il suffisamment bu ?
R – Tant qu'il boit, c'est qu'il pense avoir besoin de boire. Surtout s'il est déjà ivre. Ne jamais s'interposer entre un mari qui a soif et le mini-bar.

Q – Mon mari ne boit-il pas un peu trop ?
Ce sera un souci pour vous tout au long de votre vie conjugale.

Inscrivez-vous au yoga pour perfectionner votre respiration abdominale. Cachez ses clés de voiture. Opinez vigoureusement quand il met sa gueule de bois sur le compte de ce petit « château Larnac », un second cru dont il a tout de même bu quatre bouteilles, et resservez-lui quelques gélules à l'artichaut tout en le rassurant : « *Tu as raison, mon chéri, ça doit être les OGM qu'ils mettent dans le raisin.* »

Q – Mon mari ne veut avaler que des tartines de Vache-qui-rit, que faire ?
R – Lui en donner, ou apprendre vite fait les rudiments du kickboxing.

Q – Mon mari s'endort dès qu'il sort de table, pourquoi ?
R – Parce qu'il a sommeil, le plus souvent. Sinon, c'est qu'il s'ennuie franchement beaucoup. Rebranchez la télé.

Q – Je travaille. Comment puis-je assurer les repas ?
R – Faites-vous livrer des surgelés à domicile, disposez d'un congélateur vaste et bien rangé, et assurez avoir tout mijoté de vos petites mains. (On trouve même du riz cuit surgelé, à passer vite fait au micro-ondes.)

Q – Dois-je changer les serviettes de table tous les jours ?
R – Non. à moins que le mari n'ait gardé l'habitude de nouer sa serviette autour de son cou. (Rare. D'abord charmant, mais très vite embarrassant, notamment en ville et sur un paquebot.)

Q – Mon mari ne veut vraiment pas se mettre aux fibres bio et au jus de pruneau. Dois-je me mettre à la cuisine traditionnelle lyonnaise ?

R – Non ! Passé trente ans, le mari ne changera rien de fondamental à ses habitudes alimentaires. Autant le savoir et ne pas grossir à son rythme. Vous prendriez dix kilos en un mois et il irait voir ailleurs.(Lui, il perd trois kilos au moindre rhume. Pas vous.)

Préparez-lui de bonne grâce ses pâtes (ou son riz), ouvrez sa boîte de raviolis, servez-lui des œufs durs-mayo, décongelez un hamburger, etc. Vous l'avez toujours fait pour le chat, pourquoi pas pour lui ?

3. Le bien-être du mari

Il passe avant le vôtre, pour diverses raisons au choix : vous l'aimez, vous bénéficiez de sa mutuelle, il risque fort d'être un jour le père légal, voire réel de vos enfants, etc. Mais surtout, il est capable de bouder comme personne, ça dure des jours. Parfois même, il oublie complètement de débouder et c'est vous qui finissez sous Prozac.

LAVAGE ET SOINS DIVERS

La salle de bains, carrefour d'échanges privilégié

Échange de déodorants, d'eaux de toilette, de masques désincrustants, de bigoudis le cas échéant. Échange de propos aigres-doux sur ces petits riens qui font de la salle de bains un lieu privilégié de cohabitation, comme votre tendance à laisser des cheveux blonds dans le lavabo, sa manie de commencer les tubes de dentifrice par le milieu, etc.

C'est à vous qu'incombe la responsabilité d'assurer l'approvisionnement en shampooing antichute, gel-douche senteur vétiver, mousse à raser pour peaux délicates et after-shave coordonné, déodorant extra-sec, serviettes « qui grattent un peu, pas trop » (oublier l'assouplissant linge) et bains de bouche. Le mari se lave sans modération : vous retrouverez des grappes de mousse accrochées aux quatre coins du lieu, de la mousse à raser plein le miroir. Et le sol détrempé vous menace à tout instant d'aquaplanning. S'il ne ferme pas le rideau de douche, c'est qu'il est claustrophobe.

1) Soyez zen.

2) Rachetez des serpillières. Aucune épouse au monde n'a jamais possédé trop de serpillières.

3) Dites à Ruth (la Polonaise au noir) de prévoir une bonne heure pour la salle de bains.

Mon truc en plus

Quelques bons prétextes pour faire irruption dans la salle de bain pendant le bain du mari :

– *« Je t'apporte une coupe de champagne, mon chéri »,*
– *« Je cherche mon agenda, t'as pas vu mon agenda ? »,*
– *« Tu sais s'il reste de l'aspirine dans l'armoire de toilette ? »*

À éviter :

– « Câlin ? Papouille ? », *qui vous voit généralement ressortir de la baignoire totalement détrempée, coiffée à l'épagneul (ce qui ne sied qu'aux épagneuls, il faut bien le dire), du mascara plein les joues, et deux heures d'essorage de serpillières en perspective. D'un autre côté, ça raffermit les triceps et muscle les deltoïdes.*

Le bain du mari

Avec, donc, la salle de bains pour baignoire. Prévoir des serpillières en abondance et des gratounettes en quantité. S'il investit la salle de bains en compagnie d'une radio, d'un téléphone ou d'une dizaine de revues diverses, aménagez-vous une cabine de douche dans le placard de l'entrée : vous en aurez probablement l'usage.

TRÈS IMPORTANT : quand le mari trempe, ne vous éloignez pas trop tout de même. Il a tendance à s'endormir dans l'eau chaude et à laisser déborder la baignoire. Patrouillez. Surveillez. Vérifiez que votre assurance est à jour.

Questions de femmes

Q – Mon mari a peur de l'eau. Faut-il insister pour lui donner son bain ?
R – Oui, de temps en temps et à condition de ne pas le faire pleurer.

Q – Faut-il baigner le mari tous les jours ?
R – Oui. L'allergie à l'eau ne saurait être invoquée (moins d'un cas par nation), surtout que dans le champagne, l'entrecôte ou Ophélie Winter, il y a essentiellement de l'eau.

Soins et changes

Massage du dos quand son patron l'a engueulé, réassort fréquent du stock de chaussettes (il les troue avec frénésie, quand les vôtres vous font l'année) et de sous-vêtements (il perd ses slips. Ça semble fou, mais il perd ses slips. Ou alors il les troue. Mais personne ne vous croit)...

Ici, je dois ajouter un mot concernant le divorce. Déjà, me direz-vous ? Eh oui. Vous devez être informée de ce qui arrive aux épouses mal prémunies contre le drame des chaussettes célibataires. Un lavage de chaussettes se solde par la disparition pure et simple d'environ une chaussette sur deux. Elle entre dans la machine et n'en ressortira jamais. Jamais. C'est une chose contre laquelle nul Darty ne saurait lutter. Attention ! Un mari a vite fait de croire qu'on le persécute, et de se venger en rachetant vingt paires de chaussettes. Ma solution : lavez-les en boule par deux.

L'HABILLER

Les vêtements de base

Ne l'envoyez jamais seul en mission shopping, il n'a pas la moindre idée des prix, des matières, des tailles ni de la tendance automne-hiver.

Il reviendrait donc avec des chaussettes Versace (qui ne se nettoient qu'au pressing de la Madeleine) ou, inversement, des caleçons pur polyester (les vingt pour 15 francs à la station Richard-Lenoir), voire avec un costume de maquereau italien importable, même à Brooklyn hors-saison.

Soyez pédagogue : au lieu de fondre en pleurs devant un costume de maquereau italien importable, sauf à Cannes en saison, applaudissez quand il porte un jean à sa taille et pas trois tailles au-dessous. Et estimez-vous heureuse s'il fait le plein de chaussettes en douce (même si c'est culpabilisant pour vous et votre machine à laver).

De la tête aux pieds, quelques détails

– *Le t-shirt* : éviter les motifs Disneyland, les t-shirts qui s'arrêtent à 15 cm du pantalon et ceux qui tombent sous les genoux. Un bon t-shirt est forcément un peu vieux, un peu délavé et très doux. Les vôtres seront parfaits. Vendez-les-lui. Rachetez un stock neuf pour vous.

Important : le t-shirt ne se repasse sous aucun prétexte, il se plie souplement à peine sorti du sèche-linge. Plus cool que la chemise, plus branché, plus moderne. Option ville, soir ou entretien d'embauche dans la Nouvelle Économie : le t-shirt noir, toujours chic avec un costume noir, vous pouvez y aller sans risque. Sauf peut-être celui d'un procès de Thierry Ardisson, persuadé d'avoir déposé le concept. Oubliez les chemises et les pulls Georges-Brassens qui grattent.

– *La veste* : cachemire l'hiver, lin l'été. Une belle veste rattrape pas mal de boulettes vestimentaires, ça vaut le coup d'investir. Cherchez un authentique teinturier. Économiser sur le nettoyage à sec conduirait la plupart du temps à confectionner un baluchon pour la Croix-Rouge ou le Secours catholique.

– *Le pantalon* : ni feu-de-plancher ni moule-boules, le pantalon se contentera de couvrir sans trop d'ostentation la zone sub-ombilicale. Évidemment ça ne se trouve pas sous le sabot d'un cheval, mais dans les magasins de confection pour hommes, comme les autres vêtements.

– *Les chaussettes* : seul David Letterman peut se permettre de porter des chaussettes blanches avec un costume en cachemire. Chez lui, c'est élégamment ironique. Chez le mari standard, non seulement ça craint mais c'est salissant.

– *Les chaussures* : exclusivement tout-cuir, son confort plantaire. La chaussure de sport, même italienne, se révèle à l'usage plus performante dans l'élevage de champignons que dans l'incitation au jogging. Du moins dans son cas à lui (le mari).

Le mari apprend à s'habiller seul

Il lui faudra plusieurs années avant de renoncer aux chaussettes motifs Gaston Lagaffe avec des mocassins à glands. Mais chaque fois qu'il fera un progrès, il en concevra une grande fierté. Un jour, son modèle d'élégance cessera d'être Bernard Pivot ou Pierre Arditi.

Dès le départ, il est important d'expliquer au mari pourquoi un pantalon doit couvrir la cheville, et une chemise l'ombilic. Que seuls les banlieusards défavorisés mettent un point d'honneur à porter des vêtements siglés. Et que les tenues sport font leur effet sur les sportifs. Sur les sportifs uniquement.

LE SOMMEIL

Le sommeil du mari : sa première activité

Il dort très bien. La nuit, après les repas ou les ébats, dans un transat au soleil, en boîte après minuit, à la maison tout le dimanche... Formidable !

Les choses se gâtent avec l'âge et les responsabilités. Voici le début de vos ennuis : à 2 heures du matin, il vous réveille pour vous demander si vous dormez vraiment et s'il y a des somnifères dans la maison.

Ayez toujours des somnifères à la maison. Veillez à ce qu'il les avale avant de vous réveiller à deux heures du matin.

– De l'importance du sommeil

Le sommeil du mari est un facteur essentiel de l'équilibre du couple.

Insonorisez votre chambre. Pendant son sommeil,

vaquez à vos responsabilités d'épouse (shopping, coups de fils d'une heure et plus, lecture critique de *Voici*, comptabilité approximative sur fond de Daniela Lumbroso). Quand il se réveillera, faites semblant de vous être beaucoup ennuyée.

– L'aider à aller se coucher

L'arracher à la nuit Sergio Leone sur Cinéfaz, c'est coton. Essayer la dernière guêpière Aubade ou, à défaut, l'hypnose.

– Comment coucher le mari

Sur le dos ? Sur le ventre ? Sur le côté ? Au pied du lit ? Peu importe.

L'essentiel, c'est de le caler dans la position où ses soupirs et ronflements résonneront le moins. Et de l'y maintenir (oreillers, cales en mousse).

Mon truc en plus

Pour éviter le recours aux barbituriques, faites appel à l'aubépine (pilée discrètement dans un yaourt ou en assaisonnement d'un long drink). À défaut, servez-lui du vin rouge sans trop de modération. Si c'est très sincèrement que vous voulez l'aider, roulez-lui un gros pétard.

4. Un mari en bonne santé

Le poids

Il y a le poids qui lui va, celui auquel il peut porter un jean sans avoir l'air d'un Texan en pré-retraite. Et puis il y a le poids qu'il pèse, soit cinq à dix kilos de plus.

Ce sont habituellement des kilos de stress et de compensation : en cas de souci professionnel, le mari, comme une femme normale, se gave de chocolat. Ce qui prouve :

– que le mari est un être humain comme les autres ;

– que le chocolat fait grossir (surtout avec les quantités qu'il avale).

La lutte contre les kilos du mari est perdue d'avance. Le mari ne maigrit que lorsqu'il a été humilié sur la plage par des bellâtres aux cuisses fuselées, ou quand on lui annonce l'urgence d'un quadruple pontage.

Faut-il peser souvent le mari ? Non. La pesée du mari installe la mauvaise ambiance autant que celle de la femme. Si lui aussi se met à demander avec inquiétude : *« Tu trouves pas que j'ai grossi des fesses ? Hein ? Et le ventre ? Ça va le ventre ? »*, ce n'est plus un mariage, c'est la « Cage aux folles ». Avec vous dans le casting, hélas.

La taille

Quand le mari parvient à l'âge du mariage, sa taille a toutes les chances d'être définitive. Si néanmoins vous parvenez à obtenir de lui qu'il se tienne droit, par illusion d'optique il vous paraîtra tout de suite moins nain.

Si le mari continue de grandir après la noce :

– vérifiez son extrait de naissance, il s'agit peut-être de votre part d'une étourderie (détournement de mineur) ;

– contactez le cirque Barnum pour une tournée mondiale ;

– achetez une toise de 5 mètres. On ne sait jamais.

Les dents

Comme vous pouvez le constater sur n'importe quelle vedette du show-business, on fait aujourd'hui de très belles fausses dents. Pour le prix d'une voiture, le client s'offre un sourire en porcelaine. Attention quand même aux crocs blancs, qui font paraître l'œil malade et le teint terne. On appelle ça le « sourire hollywoodien », d'ailleurs : pour être assorti à ses dents, le mari devrait faire des UV, se maquiller soigneusement et passer chez le coiffeur tous les matins. À oublier !

Puisque aucun paparazzo ne traîne dans son sillage, le mari se contentera de dents discrètes, les siennes ou celles du prothésiste, peu importe.

La surveillance médicale

En cas de mari hypocondriaque (fréquent), le médecin devient le troisième côté du triangle. Là, on ne rigole plus : le médecin doit être le roi du placebo, sans quoi le foie du mari, transformé en usine d'épuration de toxiques divers, ira, de jaunisse en jaunisse, se cirrhosant. À quoi bon lui interdire de boire, si c'est pour le laisser mourir de la même chose ?

Achetez un Vidal, choisissez-y des spécialités anodines (à base d'artichaut, d'anis ou de menthe) aux noms compliqués, exigez du médecin qu'il lui prescrive ça et rien d'autre.

Comment reconnaître un bon médecin ? Facile ! Il ne contestera ni votre diagnostic ni votre traitement, et se contentera de renouveler les ordonnances établies par vous une fois pour toutes.

(NB : le mari assure volontiers qu'il est insomniaque. Par rapport à un nourrisson ou à un chat, qui dorment environ vingt heures par jour, c'est possible. Cela dit, ne donnez pas de somnifères à un mari qui dort ses douze heures d'une traite et se plaint d' « insomnies ». Donnez-lui plutôt un dictionnaire.)

Soigner son mari

Votre mari est malade. Que faire ?

D'abord l'observer. Histoire de voir s'il est vraiment malade, ou s'il attend seulement de vous que vous appeliez son patron pour excuser son absence.

Ne confondez pas maladie et symptôme. La maladie, c'est quand il vomit sans repos. Le symptôme, c'est quand il dit en bâillant : « Woouah la vache... J'prendrais bien huit jours, moi... » C'est le symptôme qu'il va être malade sans vomir.

Le mari est volontiers malade sans vomir :

– pendant Roland-Garros ;

– dès les huitièmes de finale du Mondial de foot ;

– le jour où il doit rendre un rapport urgent ;

– quand votre mère est de passage dans votre région et qu'il faut « la sortir ».

Le mari qui triche :
– s'installe au lit avec une petite télé, ses CD, son iBook, son téléphone mobile, des biscuits apéritifs et une bière ;

– n'en bouge sous aucun prétexte.

Le mari malade en vrai :
– est prostré, muet et vert jade ;

– bondit régulièrement jusqu'aux toilettes pour se vider en vrac. Il en sort larmoyant et se recroqueville sous la couette.

En règle générale, le recours au médecin n'est pas nécessaire, il vous suffit de demander au mari ce qu'il a avalé la veille. Au-delà de trois portions de gratin de rillettes ou du litre de rhum, il est normal qu'il se sente barbouillé. Des tisanes suffiront.

Si en revanche le mari enfle, devient pourpre et sue du sang, c'est qu'il a été piqué par un serpent-minute (rare).

Les signes de bonne et de mauvaise santé

Pour vous permettre de l'observer efficacement, voici les signes auxquels on reconnaît qu'un mari est en bonne santé :

– il a bonne mine et les yeux vifs ;

– il s'intéresse à ce qui l'entoure ;

– il a bon appétit, ses selles sont normales, il dort bien ;

– il sent bon de la bouche.

Inversement, sa santé laisse à désirer si :

– on ne voit plus ses cernes (tout son visage est gris) ;

– il suce son pouce en somnolant, ou refuse des œufs au bacon et même une bière fraîche ;

– il ne sait plus où il a mis la télécommande et il s'en fout (symptôme grave).

Quand consulter le médecin ?

Chaque fois qu'il en a envie, tant que c'est lui qui fait le chèque et s'occupe de la Sécu. Le moins souvent possible dans les autres cas.

En attendant le médecin : cherchez la télécommande, trouvez la télécommande (au fond du lit, ou au pire sous l'oreiller), donnez-lui la télécommande. Vaquez.

Les médicaments

Ils agissent en quinze ou vingt minutes sauf les placebos, efficaces dès la rédaction de l'ordonnance. Le mari aime généralement les médicaments, et a tendance à en avaler trois fois trop, puis à arrêter net le traitement.

Laissez faire. Surtout si c'est un placebo.

L'armoire à pharmacie

Étant donné le caractère désordonné et glouton du mari, vous vous garderez d'y stocker des médicaments puissants. L'armoire, entièrement conçue par lui, est trop de guingois pour qu'on y range des flacons cassables. Elle n'abritera donc que :

– du collyre en dosettes individuelles ;

– de l'aspirine sous toutes ses formes (classique, à bulles, à croquer goût menthe...) ;

– un anti-acide, anti-gueule de bois ;

– des compresses et pansements, du coton et du sparadrap en quantité ;

– du mercurochrome rouge (il n'a confiance en aucun autre antiseptique) ;

– votre Lexomil, l'airbag du couple.

Mon truc en plus

Remplacez les gouttes nasales contre les éternuements, qui le font éternuer, par du sérum physiologique (ou de l'eau salée).

Pour les affections de la peau et blessures, faites comme sa maman : même sur une fracture ouverte, quelques gouttes d'eau oxygénée et un joli pansement suffiront. Ajoutez-y une aspirine, et roulez !

Attention !

Avant de poser un quelconque diagnostic, sachez que les maris souffrent fréquemment de *dyslexie émotionnelle*. Indécelable au premier abord, cette affection se traduit par l'incohérence spectaculaire entre une cause et ses effets. Par exemple, le mari se cogne le tibia contre la table basse. Vous courez chercher l'arnica. Il vous rappelle : il n'a pas besoin d'arnica, mais d'un public. Le voici qui y va de quelques réflexions tonitruantes sur les designers modernes avec leurs angles droits à la con, j'te demande un peu, puis il vitupère Beaubourg, ce « paradis des plombiers », et pour finir il décide d'aller jogger autour de la tour Eiffel, qui au moins est un « beau monument qui ne nous fait pas honte sur les cartes postales ! » Il enfile ses baskets. Il n'a plus mal. Il ne comprend pas pourquoi vous le regardez comme ça.

Les soins à éviter

Sauf urgence, ne procédez pas vous-même à :

– un pontage coronarien ;

– une irradiation nucléaire ;

– une psychanalyse.

Ne donnez pas de médicaments à tort et à travers. Pas de chimiothérapie lourde sur un tire-au-flanc, surtout : ça pourrait le rendre réellement malade.

Si le mari doit aller à l'hôpital

Alors là, c'est la catastrophe (mais faisons comme si de rien n'était). Il n'est jamais d'accord pour aller à l'hôpital, parce qu'on n'a pas le droit de fumer au lit, parce qu'on n'y trouve que du haschisch de dernière qualité, parce qu'on mange encore plus mal qu'à la maison et parce que le téléphone sur la table de chevet n'a même pas de répondeur.

Lors de son installation dans la chambre d'hôpital, le mari sera rassuré par la présence d'objets familiers : hamburger-frites, infirmières en blouses comme sur XXL, médecin genre-style Urgences, iMac sur la table de nuit.

Par la suite, le mari s'adapte d'autant plus vite que l'hôpital possède un fumoir réservé aux messieurs en robe de chambre comme lui.

Ne vous croyez pas obligée d'apporter des friandises lors de vos visites : la maman du mari a déjà bourré le frigo des infirmières avec des tupperwares de coquillettes au fromage, des cartons de gâteaux, du riz au lait, du lait-grenadine (quand il était petit, ça le retapait bien) et de la salade de fruits.

Et s'il pleure quand vous partez ? Contactez « Vidéo-Gag » (TF1). Et écrivez-nous. Ça nous intéresserait de voir ça.

La douleur : il n'a jamais eu le temps d'avoir mal ; il se gave toujours d'antalgiques à tout hasard. Ce sera pareil à l'hôpital, où il hurlera à la mort et exigera de la morphine avant même qu'on lui prenne le pouls. Pour ça, faites-lui confiance. Ce n'est pas son genre de serrer les dents en attendant que ça passe.

L'opération chirurgicale

À son âge, il peut encore vous faire une appendicite, voire une amygdalite.

La honte le submerge d'avoir « un truc de môme, même pas grave ». Sachez que contrairement à vous, opérée avant vos dix ans, il va en baver. Plus on vieillit, moins on récupère. Pourtant, c'est sur le mode enjoué que vous vous exclamerez : « *Les amygdales ? Formidable ! Je vais t'acheter des glaces à gogo !* » Gogo est le mot : bourré de Ben & Jerry's, il n'aura plus la force d'articuler un mot. Encore moins de se plaindre.

Le retour à la maison : après avoir été traité comme un bébé, il entend reprendre toutes ses prérogatives de mâle et de chef de famille, et ça commence par une bonne bière devant la télé. Veillez à ce que le frigo renferme pas mal de bonnes bières, achetez le programme télé de la semaine en cours. Dites « Oui mon chéri » deux ou trois fois de suite, sans raison précise, juste pour accélérer le processus.

Questions de femmes

Q – Mon mari est malade, comment améliorer son confort ?
R – Aérez la chambre. Pendant ce temps, transférez-le devant la télé du salon. N'oubliez pas son e-book couleur mandarine (le doudou de l'homme moderne).

Changez les draps chaque fois qu'il renverse un bol (de soupe, de thé, de tisane, de grog).

Même si vous ne vous faites aucun souci, feignez l'inquiétude. Ça fait toujours plaisir.

Q – Mon mari transpire, comment faire ?
R – C'est à cause de son pyjashort en thermofibre avec « à l'insu de mon plein gré » écrit dessus. Sa mère le lui a offert pour Noël, il ne le met que lorsqu'il passe une journée au lit pour se sentir malade, justement. Rincez le mari à intervalles réguliers, bombez-le au déodorant extra-sec, confisquez l'horreur thermique.

Q – Faut-il maintenir mon mari au lit ?
R – Il y en a qui ont essayé. Vous aussi, si vous avez les nerfs solides et un congé sans solde, vous pouvez essayer.

Q – Mon mari est malade, que lui donner à manger ?
R – Si le mari est réellement malade, vous pouvez lui donner absolument n'importe quoi : il vomira tout. S'il n'est pas si malade que ça, il ira tout seul jusqu'au frigo, avec une régularité de métronome. Dans les deux cas, pas de problème.

Q – Mon mari est malade, comment lui prendre la température ?
R – Ne vous mêlez jamais de ça, malheureuse ! Achetez un thermomètre qu'on met dans l'oreille et

laissez-le faire. Ou alors déléguez : le médecin est payé pour ça !

Q – Mon mari est malade, comment lui faire prendre ses médicaments ?
R – Mettez la pilule dans un bout de camembert à point. Glissez le fromage dans sa bouche. Tapez fort dans vos mains : l'effet de surprise fera déglutir le mari (cette méthode marche aussi avec les petits chiens.)

Q – Mon mari est malade, quels traitements simples appliquer sans avoir consulté le médecin ?
R – L'indifférence, l'ironie et la verveine.

Q – Mon mari est malade, combien de temps doit durer le traitement ?
R – À peu près jusqu'à ce qu'il en ait marre d'être malade. Contrairement au bébé ou au chat, le mari décide tout seul de sa température et de son état d'invalidité. S'il n'y a rien à la télé, il retourne au bureau.

Mon truc en plus

Précisez les goûts du mari à votre médecin : il n'aime que le sirop parfum banane ou caramel, et du vaporub sur le torse lui réussit toujours, même en cas d'hémorroïdes. Si vous devez lui faire prendre un suppositoire, faites semblant que vous avez oublié.

VIE SOCIALE ET LOISIRS DU MARI

1. Une semaine de mari

35 heures de travail...

Lorsqu'il aura passé la porte après un dernier baiser, vous vous demanderez peut-être ce qu'il va faire de sa journée. Dans les grandes lignes, voici une journée au bureau.

• Le matin, le mari a du mal à démarrer, surtout en hiver, comme sa Voiture. Il commence donc la journée de travail par une station prolongée près de la machine à café, où, en compagnie de ses collègues, il commente les programmes télé de la veille ou la nouvelle Ferrari 007 carrossée par Philippe Starck. C'est ce qu'on appelle la culture d'entreprise.

• Puis le mari travaille : il ouvre des dossiers, il tape sur l'ordinateur, il ferme des dossiers, il joue au flipper en 3D sur l'ordinateur, il va à la réunion de synthèse, il boit un café.

• Et soudain, c'est l'heure du déjeuner. Le mari va au bistrot avec ses chèques-restaurant, il mange du boudin-purée ou de l'andouillette-frites, ainsi que de la crème caramel.

• Puis le mari retourne au bureau, où il somnole jusqu'à l'heure du café-clopes. Ensuite, il va glaner quelques histoires drôles sur le Net (« *Monsieur et Madame Queuleuleu ont un fils. Comment s'appelle-t-il ? Réponse : Allah !* »).

... Et un samedi bien rempli

Le déroulement du week-end du mari suit un rythme alternant sommeil, « sport », bouffe et sexe. Mais aussi certains moments d'intense activité, comme lorsqu'il décide le samedi matin de construire lui-même tout seul de ses mains une armoire de toilette.

Trois visites à Casto et deux boîtes d'Urgo plus tard, vous vous apercevez avec incrédulité que la caisse bancale et pleine d'échardes qu'il vous a fièrement collée au mur de la salle de bains vous revient à environ 1200 francs sans compter les frais de justice – pour peu que vos voisins soient procéduriers. Chez Habitat elle était droite, en plastique lavable, « designée » Marcello di Cazzo et à 300 francs. Admirez néanmoins. Ainsi la vie d'un mari se remplit-elle.

Le dimanche est fait pour se reposer

Patrick a 35 ans, il est gai, charmant, il aime son travail, il a beaucoup de potes. Au début du mariage, sa femme lui propose pour le dimanche toute une série d'activités : le matin, marché ; l'après-midi, marché aux Puces ; le soir, vrai film de vrai cinéma du vidéoclub. Au bout de quelques semaines, le mari demande à faire la grasse matinée : « Le dimanche, c'est pour se reposer », dit-il. Sa femme lui répond : « OK. » Elle se recale sous la couette.

Tous les dimanches à venir commenceront vers 14 heures par un brunch, suivi d'une bonne sieste. Ensuite, une promenade hygiénique jusqu'à l'unique bureau de tabac ouvert le dimanche ; ils ont de la chance, c'est à moins de cinquante mètres de chez eux. Retour épuisé à la maison, douche, collation rapide et installation devant la télé. Film du dimanche en VF. Au lit !

2. Les loisirs du mari

Les sorties

Le mari veut bien sortir, surtout porte de Versailles. Vous connaissez par cœur tous les salons importants (auto, agriculture, bricolage, Foire de Paris). Comme vous n'avez quand même pas épousé un beauf intégral, il va aussi au Salon du Livre. D'ailleurs il achète une voiture neuve à chaque Salon de l'Auto, et un livre neuf à chaque Salon du Livre. Il accepte aussi les déjeuners dominicaux chez sa maman. En revanche, les repas chez vos parents à vous seront peu fréquents, et il apportera ses charcutailles. C'est moins courtois qu'un bouquet, mais ça nourrit mieux.

Mon truc en plus

Laissez-lui ses virées entre amis. Pendant qu'il est au stade de France ou fait du squash en forêt, profitez-en pour vous livrer à des manœuvres féminines, petites peut-être mais nécessaires : teinture de cheveux (non, vous n'êtes pas née avec ces cheveux blond vénitien, même si vous avez réussi à le lui faire croire), épilation string, masque à l'argile verte.

Les jeux et les jouets

Au yeux du mari, ne méritent d'être appelées « jeux » que les activités centrées autour d'un bon scotch ou d'un lit. Exécrable partenaire au scrabble, où il triche effrontément (*« Si, ça existe,* “ atchao ”, *c'est ton Larousse qui est ringard ! »*), ainsi qu'au Monopoly (où il ne veut acheter que des gares), le mari se laissera plus facilement initier au beach-volley qu'à un jeu de société quel qu'il soit (hormis bien sûr le « petit-poker-entre-potes », qui se terminera vers 9 heures du matin et coûtera au couple fiscal entre 3 et 10 000 francs).

Les goûts aux différents âges

– 18 à 20 ans : il a eu son permis du troisième coup, parce que « les auto-écoles, c'est combines et compagnie ». Il achète une Golf GTI de 82 qui a miraculeusement passé l'épreuve du contrôle technique. Il vous aime déjà, mais pas autant qu'Elle.

– 20 à 30 ans : il est jeune, il est beau, il explore le monde. Il vous offre de la lingerie, du parfum et des bijoux. Vous lui faites des petits strip-teases. Son jouet préféré, c'est vous.

– 30 à 40 ans : il veut devenir bras droit du boss. Il surfe sur le net. Il accumule les logiciels inutiles et les jeux en 3D sur CD Rom. Il commence à boursicoter. Son jouet préféré, c'est son iMac. Enfin, ses iMac : celui du bureau, mais aussi celui d'à la maison et le Palm Pilot de secours. Sans compter les modems, appareils photo numériques, web-cams, scanners, imprimantes laser hyper-interfacées. Le tout pour un coût avoisinant celui d'un beau tour du monde dans des palaces tout or et marbre.

– 40 à 50 ans : il a manqué perdre sa chemise à cause

du dépôt de bilan d'une « saloperie de start-up » (qui promettait, pourtant). Il s'intéresse désormais à l'immobilier. Son jouet favori devient « La Centrale du particulier », son jeu d'élection : la visite de logis divers, assortie du calcul des bénéfices qu'il pourrait en tirer à la revente. Il finira, comme tout le monde, par vous offrir un pavillon « de caractère » et placer le reste des sous dans un studio qu'il louera.

– 50 à 60 ans : il essaie d'arrêter de fumer. Ses jouets favoris : les patches à la nicotine, les chewing-gums à la nicotine. Son jeu favori : le plan de cinq jours.

– 60 à 70 ans : enfin dégagé de l'esclavage salarié, il peut se consacrer à plein temps au sport (pêche, pétanque, lecture de *L'Équipe*). Son jouet favori : la zappette – qui toutefois devient superflue pendant le mois de juillet, puisqu'il est scotché vingt-quatre heures sur vingt-quatre au Tour de France.

– 70 à 80 ans : stupéfait d'être encore là, il va se figeant tout doucement. Il achète un rocking-chair ou un fauteuil électrique qui s'étire jusqu'à devenir un lit. Il s'installe devant la télé en position semi-couchée. Il se balance dans le rocking-chair ou manipule la zappette depuis le fauteuil électrique en velours bleu canard. Ce sera probablement son dernier jouet.

Soyez tolérante. Quoique. Bleu canard, tout de même...

Attention aux jouets dangereux !

Devant le grand nombre de divorces et crimes passionnels dus aux jouets, l'épouse devra prendre certaines mesures de sécurité.

Se méfier notamment des jouets suivants :

– baby-doll ;

– secrétaire stagiaire ;

– femme-objet ;

– salope du troisième gauche (la) ;

ainsi que des jeux suivants :

– enterrement de vie de garçon ;

– séminaire entre hommes à Belphût (Thaïlande) ;

– réunions de travail se prolongeant au-delà de 3 heures du matin (surtout si c'est tous les soirs).

Le mari et l'animal

Chez sa maman vit Boubou IV, antique chat galeux qu'il présente comme un siamois. Dissimulez votre panique. Exhumez une allergie. Pas de Boubou IV (ses puces, sa teigne et sa tendance à régurgiter), ni sur vos genoux ni dans vos alentours. L'allergie aux poils de chat se trouvant être des plus courantes, voilà déjà un problème de réglé.

Le mari aime les chiens. Surtout les grands, et ceux avec des poils longs qui tombent sur le tapis Andy Warhol. Il se verrait bien avec un labrador, comme tous les grands hommes. Ou alors un setter, c'est joli un setter.

Dans la mesure où vous êtes prête à passer l'aspirateur trois fois par jour, à brosser la tignasse de la bête quotidiennement, à la sortir (avant le jour et bien après la nuit), à l'emmener en vacances et à vous coltiner des quintaux de boîtes de pâtée et de croquettes, dans cette mesure-là, oui, on peut dire que vous aussi, vous aimez les bêtes. Sans quoi le zoo de Vincennes, le Jardin d'acclimatation ou le Muséum demeurent la meilleure option pour combler le mari sans mettre en péril le couple.

Sortir le mari

La Voiture

Elle est à lui, comme le scooter. C'est son rayon et ça le restera. La Voiture est nickel. C'est le seul endroit au monde où vous le verrez passer l'aspirateur et vider le cendrier. Entretenue comme une cocotte, la Voiture est assurée tous risques. Il arrive que le mari vous la prête. Dès qu'il aura dessaoulé, il s'en mordra les dents. Gardez plutôt votre Mini, ce container à revues en couleurs, photos jaunies, livres : la paix conjugale n'a pas de prix. La vraie Voiture sera donc la sienne. La vôtre : un gadget.

La Voiture est millésimée et éminemment périssable. Il convient de la renouveler raisonnablement, c'est-à-dire le plus souvent possible. D'où Salon de l'Auto annuel*. à part les 2 CV, vous ne distinguez pas entre les modèles ni même entre les marques. Si vous l'accompagnez au Salon (à charge de revanche, cela va de soi : week-end à Trouville minimum), marchez trois pas derrière lui, tête droite mais pas arrogante. Écrasez-vous.

Exclamez-vous quand il s'exclame, admirez à voix haute et intelligible.

Coltinez-vous les catalogues et les kilos de prospectus. Rentrez moulue. Réservez de suite pour Saint-Rémy-de-Provence (ou Trouville). Prenez trois somnifères dans un fond d'Absolut. Allez dormir.

---

* Le relecteur de la maison Lattès m'assure que le Salon de l'Auto s'appelle dorénavant Mondial de l'Auto et a lieu tous les deux ans. De quoi se mêle-t-il, ce mec ? C'est un livre écrit par une fille pour les filles !

Le scooter

Depuis que le port du casque est obligatoire, et que vous cherchez en vain une coiffure scooter-compatible, le deux-roues a perdu tout son charme à vos yeux. Si néanmoins vous en voulez un (tout le monde en a un au bureau, et puis ça va plus vite pour les courses ; prévoir une bonne assurance-vie) :

– achetez un scooter fuchsia ; collez de faux tatouages dorés. Demandez à Ali, le petit stagiaire de la photocopieuse, de vous bomber un Ricky Martin à l'aérographe. Pailletez abondamment. Il hésitera à s'en servir.

– contre les désagréments du casque, coupez-vous les cheveux bien brosse, comme Sinead O'Connor, ou alors adoptez ma choucroute modulaire ® : elle s'aplatit comme un béret, qu'il me suffit de redynamiser après avoir ôté mon casque. Une ou deux bombes de laque et hop ! Impeccable !

Sans quoi :

– oubliez le scooter. Qu'il frime seul, et pathétique, sur ce véhicule de jeunes quinquagénaires CSP+.

Les spectacles

Comment ne pas les mentionner – cinéma, théâtre, opéra, concerts rock, bal du 14 juillet à la caserne – même s'ils sont remplacés au fil des ans par la télévision et par les home vidéos hard ?

1) *Le cinéma* : Bruce Willis et les vieux films de Clint Eastwood uniquement. Peu d'épouses, notons-le, s'opposent à ce choix (même si, en leur for intérieur, elles préfèrent le cinéma qui fait sens : Truffaut, Duras, Élie Chouraqui et les derniers films d'Eastwood). Le reste, on le prend au vidéo-club. Parce que « pour se cogner un

Bergman, franchement, je vois pas l'intérêt de faire la queue dans le froid ».

2) *Le théâtre* : quand son patron lui a recommandé une pièce, ou pour votre anniversaire. Répertoire classique si possible, parce que les pièces sont plus courtes et que les titres en jettent toujours autant (« *j'ai revu le Phèdre dans la scénographie de Savary : trop bien !* »). Cela dit, il devient plus indulgent vis-à-vis des auteurs contemporains depuis qu'Anne Delbée et alii ponctuent leurs œuvres citoyennes d'apparitions de petites femmes nues.

3) *Le bal du 14 juillet* : c'est vous qui l'y traînez. Vous vous rincez l'œil toute la nuit grâce aux magnifiques pompiers qui ont de si belles fesses et qui, en plus, sauvent des vies. Des polyvalents. Lui, il a horreur des bals, mais la bière coule à flots et les filles ont des jupes courtes : il vient sans trop barguigner.

3. Voyages et vacances

Bon voyage

En voyage, vous aurez à nourrir, à distraire, et éventuellement à changer votre mari. Voyons un peu comment ne rien oublier.

• Le nourrir : partir, c'est nourrir un peu. Avion, train ou automobile : peu importe, préparez des sandwiches jambon-gruyère et pâté-cornichons (foie gras-cornichons si vous voyagez en première). Et un Thermos de café. Sa maman a toujours fait ça.

• *Le distraire* : dans les embouteillages, lors des retards de vol ou des arrêts de travail-surprise de certaines catégories du personnel SNCF, le mari tend à s'emporter. Il commence par pianoter (sur le volant, ou la tablette, ou le guichet de la SNCF), puis va élevant la voix. Ce genre d'épisode a généralement pour conséquence chez le mari l'aphonie partielle, la misanthropie et une vision madelinienne de l'exercice du droit de grève.

Pensez à faire diversion : fondez en larmes, ou bien écriez-vous : « *T'as vu la Ferrari qui vient de passer dans l'autre sens ?* » (variante : « *T'as vu les jambes de l'hôtesse ?* »).

Vous pouvez aussi feindre une violente nausée : ça marche n'importe où, n'importe quand, et ça épouvante tellement le mari qu'il oublie tout.

• *Le changer* : pas de problème si vous bourrez une valise-cabine de polos assortis. Le mari se salit surtout par le haut, et surtout quand il mange le sandwich. Personne n'étant obligé de voyager en costume trois-pièces, le polo remplacera avantageusement la chemise sur cintre (avec sa housse porte-chemise) et ses accessoires : détachant liquide ou en bombe, lessive spéciale pour linge délicat, amidon en spray, fer à repasser dit « de voyage », reconnaissable au fait qu'il est pliable et qu'il ne repasse pas.

Achetez les polos par douzaines (on en trouve à 50 francs chez H&M). De toute façon, ils seront à jeter au retour.

• *Le mal des transports* : survient chez le mari exclusivement quand c'est l'épouse qui conduit. Le problème ne se pose ni en avion (grâce aux boissons fortes à discrétion), ni en train (le taca-poum le berce et il s'endort à la hauteur de Villeneuve-Saint-Georges et/ou de la page 3 d'« Auto-Plus »).

Bonnes vacances

• À la mer : en cas de canicule, il se réfugiera plus volontiers sous la paillote-bar de la plage que sous un parasol. Il vous expliquera au passage que, même sous un parasol, on n'est pas à l'abri de la réverbération, de la déshydratation et de la mort. Tandis qu'au fond de la paillote-bar, là où le soleil ne rentre jamais, c'est scientifiquement prouvé, il ne risque rien. En tout cas pas la déshydratation.

Pourtant, il aime la natation. Enfin, sa natation à lui : trente minutes de petits bonds pour entrer dans l'eau, dix brasses de chat noyé, et une sortie sautillante accompagnée de beuglements enthousiastes : « Bah viens, qu'est-ce que t'attends ? Elle est vachement bonne ! », suivie d'un repli thérapeutique vers la paillote ombragée.

• À la montagne : entre les tournées de vin chaud et les grogs, il abandonnera vite l'ébouriffant projet de descendre la piste noire tout schuss. Le mari se fatigue et se refroidit vite. à la montagne, davantage que de skis, il a besoin de boissons bouillantes. Et de fondue. Ça lui rappelle le râpé.

• À la campagne : ça ne lui viendrait pas à l'idée de vous emmener en vacances dans le Perche – sauf bien sûr si son boss a une maison restaurée à cru tout à côté d'un gîte « Vacances à la Ferme ».

Le soleil, bienfaits et dangers

Deux cas de figure se présentent couramment :

– le mari-Séguéla, abonné aux U.V. à longueur d'année : laissez-le au fond du bar de la paillote, vous retarderez d'autant son cancer de la peau.

– le mari-lavabo : prenez personnellement en main sa protection solaire, sous peine de le voir bien vite cloquer et suinter. Le mari pense souvent que la crème solaire indice 30 est une chose trop féminine pour lui. Il le pense souvent, mais pas longtemps. Juste le temps de se retrouver aux urgences avec 40°.

Le mari et la nature

Le mari aime la nature. La preuve : il regarde les émissions de Nicolas Hulot et envisage de voter José Bové à la présidentielle. Il parle d'ailleurs régulièrement de quitter la ville et cette vie de fous, et repère la fermette à rafraîchir, pieds dans l'eau quand il épluche les annonces immobilières. Hélas, le mari est allergique aux piqûres de moustique, a peur des araignées et des chevaux, déteste l'odeur des vaches et ne supporte pas les taches d'herbe sur son pantalon de lin grège, ni l'absence de réseau sur son portable. De la campagne, il ne tolère que la sieste sous moustiquaire, volets fermés, et les salaisons fermières, presque aussi bonnes que chez Monoprix-Gourmet.

Mon truc en plus

Pour votre anniversaire de mariage, votre mari veut vous conduire lui-même au relais-château que vous avez réservé sur degriffcom.tour. Que faire ?

– remettre le rétroviseur en position « rétroviseur » et non « maquillage express » avant qu'il ne monte dans la voiture ;

– oublier le pack de Pelforth brune qu'il avait mis à rafraîchir. Ne pas oublier le Thermos de café et les bonbonnes d'eau minérale ;

– apprendre à lire une carte routière, quitte à prendre des cours particuliers auprès d'un pilote de rallye ;

– s'assurer qu'il a les yeux en face des trous (un œil par trou, jamais plus).

PSYCHOLOGIE DU MARI

Le mari est une personne

Durant des siècles, le mariage fut pratiquement obligatoire. Encore aujourd'hui, dans les peuplades catholiques et chez les altesses européennes, on ne conçoit pas l'existence hors mariage. Le célibat y reste mal vu, synonyme de tare congénitale cachée, d'homosexualité ou de débauche.

Pourtant, aucune tare, et bien moins encore l'homosexualité ou la débauche, n'ont jamais empêché personne de se marier. Une princesse trouvera toujours garde du corps à son pied. Vous, vous avez votre mari. Faites avec.

Le mari demeure, avant tout, le fils de sa mère. Bien sûr, un jour, bientôt, ce sera votre tour d'être la mère d'un fils, tortionnaire de bru et référence ultime en matière culinaire. D'ici là, continuez le yoga et la respiration profonde. Car si le mari a changé, autorisant désormais son épouse à manger à table avec lui et à travailler pour l'aider à payer les traites du pied-à-terre de charme dans le Lubéron, de la voiture et du salon Conran Shop en fleur d'autruche, la belle-mère, immuable et revêche, tient toujours son rôle de dragon, vous soupçonnant, entre autres, de sous-alimenter son petit, qui, c'est vrai, a perdu cinq kilos en trois ans.

Encore cinq kilos à perdre, n'empêche. En conséquence, chaque déjeuner dominical semble compter pour le championnat du monde des calories ingérables en une heure. Et si vous la suppliez de lui faire des haricots verts afin de ne pas briser son bel effort, la belle-mère les assaisonne d'une motte de beurre. Le mari vous jette un regard par en dessous, mime l'agacement. Mais sauce le beurre fondu. Sa mère aurait trop de chagrin, sinon.

1. L'éveil des sens

La vue

Lorsqu'une femme se demande « *qui voit-il ?* », la vraie question c'est surtout «que voit-il ?». Ainsi l'épouse se montre-t-elle plus anxieuse qu'il n'est nécessaire, notamment en matière de culotte de cheval ou de postérieur : le mâle, inconsciemment, sait bien que la survie de l'espèce dépend avant tout de la robustesse de la femelle. On ne fait pas d'enfants à un sac d'os, et au lit merci beaucoup pour les coups de genoux tranchants comme du silex.

L'œil du mari s'illumine à la vue des rondeurs, notamment dans le quart supérieur de l'épouse à bonnet C.

L'ouïe

Contrairement à ce que vous pourriez croire, quand, par exemple, vous lui demandez de descendre chercher le courrier, le mari entend. Vous vous en rendrez vite compte. Il entend d'ailleurs surtout ce qui ne le regarde pas. Le coup de fil à la bonne copine, celle à qui l'on confie ses frustrations de conjointe ou l'envie qu'on a de se taper le prof de low impact aerobic, on le réservera aux heures de solitude. Le mari, surtout s'il est jaloux, entend mais comprend mal. S'il est paranoïaque, n'en parlons même pas : Dominique, Michelle et Coco, vos amies de lycée, deviennent pour lui un Dominique, un Michel et un Coco, et d'où sortez-vous donc tous ces mecs ? Hmm ?

Prenez l'habitude de dire *« ma copine Dominique du lycée »*, ou *« ma potesse Coco de la fac »*.

Le mari n'est pas gêné par le bruit, notamment lorsqu'il écoute les Ramones à fond les manettes en hurlant *« Hey, ho, let's go ! »* En revanche, une vraie mélodie (Mozart, Chopin, Obispo) lui tire des cris exaspérés et des protestations contre ce « vacarme insoutenable ».

Le goût

De ses années passées dans un studio-kitchenette, il a gardé le pli de se faire livrer n'importe quoi (chinois, pizza, plateaux Air France...), du moment que ça cale. Certes, le palais est toujours susceptible d'être éduqué. Mais tirer un mari vers le haut en lui faisant découvrir les subtilités du jus de truffes ou de l'infusion de badiane, c'est prendre le risque d'en faire un tyranneau culinaire qui exigera que chaque repas pris à la maison soit une démonstration de haute voltige. Vous y laisseriez votre santé. Sachez donc, en la matière plus qu'ailleurs, raison garder, et alternez harmonieusement fibres bio et restes de porc froid-mayo / salade de nouilles complètes.

L'odorat

S'il est sensible aux beaux parfums, indiquez au mari vos senteurs favorites, et attendez qu'il vous les offre. Pour limiter les risques d'erreur, le mieux est encore de demander des chèques-cadeaux Marionnaud.

Si les odeurs de cuisine le bouleversent, forcez sur l'ail, l'huile d'olive, l'oignon frit, qui vont avec tout et parfument la maison. Faites des plats puissants : coq au vin, lapin chasseur, bourguignon.

Si c'est lui qui se parfume, attention ! Ne le laissez se fournir que dans les très grandes maisons, et rien de plus fort que de l'after-shave. L'homme est difficile à parfumer, sa peau rude et burinée fait tourner les meilleurs produits et la fumée de cigarillos qui imbibe ses vêtements n'arrange rien.

Le toucher

Le mari est très sensible à la manière dont on le touche, aux manipulations. Certains gestes le calment, tel le grattage de dos, d'autres au contraire l'agitent comme le pinçage de nez. Peu à peu, vous apprendrez à les reconnaître et à les utiliser à bon escient.

Mon truc en plus

Apprenez les gestes qui sauvent le couple. Chaque premier samedi du mois, Canal+ propose à minuit une émission éducative sur la façon de manipuler le mari. Ses enseignements vous seront fort utiles.

2. Le développement psychomoteur du mari

De plus en plus autonome

Bien souvent, au début, le couple vit en symbiose, dans un état quasi fusionnel. À ce stade, la femme rêve parfois au moment où le mari commencera à se débrouiller tout seul, où il ne sera plus dépendant pour chaque acte de sa vie, comme trouver une cuiller dans le tiroir à couverts. Eh bien, ça demande des efforts de part et d'autre. La femme devra ainsi s'armer de patience, ou d'une 22 long rifle, pour enseigner au mari que sur les deux buffets de la maison, l'un contient l'ensemble des couverts de service et l'autre les ustensiles de cuisine. Au besoin, les étiqueter. Puis lui apprendre à distinguer une louche d'une cuiller. En trois ou quatre ans, ce sera une affaire réglée.

L'éducation

Une des premières appréciations positives sur l'éducation du mari peut être, par exemple : « *Ça alors ! Quand je pense qu'il y a un an encore, il fallait lui enlever le gras du jambon !* » La réflexion vient de votre belle-sœur, depuis toujours écœurée par l'indécrottable fils-à-maman qu'est son frère.

Elle constitue une alliée d'importance. C'est elle, notamment, qui fait remarquer à sa mère les progrès spectaculaires accomplis par le mari : il noue sa cravate tout seul, n'exige plus des slips repassés (ça, c'est depuis qu'il a pris en charge le repassage) et finira bien un jour par savoir où sont rangées les cuillers, Chirac a bien fini par devenir président.

La femme n'est pas toujours pressée de favoriser l'indépendance. Quand le mari cherche un verre et que tous les verres sont dans le lave-vaisselle, qu'il tourne sur lui-même dans la cuisine comme une poule décapitée, l'épouse, parfois, ouvre le lave-vaisselle, sort un verre puis le rince. C'est une erreur. C'est anti-pédagogique. Une cuisine en ville, c'est un maximum de 10 m^2, pas une forêt amazonienne ! Laissez-lui le temps (six à huit mois environ), et il acquerra le réflexe qui sauve : *do-it-yourself*, ou alors *fuck off*.

Le mari, terre vierge

Vous êtes sa première vraie femme. Avant vous, le mari n'a connu que des liaisons passagères, et n'a donc pas reçu d'éducation à proprement parler. Chacun a quitté son studio pour le trois-pièces commun. à partir de cet instant, considérez-vous comme un conquistador posant le pied sur une terre vierge.

Certes, vous partez de zéro, d'un mari en friche ; mais si vous vous débrouillez bien, vous imprimerez rapidement une marque durable dans son cuir d'ex-célibataire. L'épouse doit démarrer son plan pédagogique sans délai, avec toute la fermeté nécessaire (ce qui n'exclut évidemment pas les encouragements affectueux, pouvant aller jusqu'au string en latex).

L'éducation silencieuse

Inutile de gaspiller vos forces vives à lui expliquer le

sens de la vie, la parité hommes-femmes, l'égalité en général et votre supériorité en particulier. Un bon exemple valant mieux qu'un discours à la noix, asseyez-le sur une chaise tandis que vous lui montrez :

– comment on passe l'aspirateur ;

– où sont les cuillers (mais il s'améliore, il se souvient que c'est dans la cuisine) ;

– comment on ferme la poubelle.

Plus exaspérant que de faire le ménage : regarder quelqu'un le faire. C'est de lui-même qu'il bondira en vous voyant sauter en l'air pour choper une toile d'araignée, en criant : *« Laisse, laisse ! Je vais le faire ! »* À cet instant, filez : vous l'avez mis à bout de nerfs, il va se défouler en récurant le logis. Allez au salon de thé ou chez le coiffeur le plus proche lire un magazine en couleurs. Au retour, hululez d'admiration. Si le mari se rengorge d'aise, c'est gagné. S'il s'étonne de votre réaction, c'est qu'il était déjà dressé.

L'éducation religieuse

Déléguez ! Les curés, rabbins, pasteurs, imams et gourous sont payés pour donner une dimension spirituelle à sa vie. à la rigueur vous pouvez l'aider à faire son examen de conscience, en lui rappelant toutes ses défaillances, et aussi qu'il ne vous a rien offert pour vos trois semaines et demie de mariage. Enfoncez-le : un mari conscient, c'est bien, un mari contrit, c'est mieux.

Si vous avez épousé un gauchiste athée, déléguez aussi ! Les représentants syndicaux, les cellules militantes répondent présent, donnent des tracts à distribuer et l'impression de servir à quelque chose.

Ce sentiment d'être un maillon vital de la grande

chaîne humaine, c'est précisément ce qui lui manque chez Medianova, où nul n'est indispensable et tout un chacun jetable. La religion – ou sa version laïque l'engagement –, c'est ce qui sépare l'homme du publicitaire.

En cas de mari moderne, c'est-à-dire égoïste et surconsommateur, la seule religion c'est le pouvoir d'achat. Là, vous le seconderez efficacement, car vous dégainez la carte Bleue comme personne.

Patience = puissance

Certaines femmes sont pressées : elles voudraient que leur mari fasse des progrès rapides et l'admiration des voisins. Mais chaque mari a son rythme : l'un trouve les cuillers au bout de six mois, l'autre au bout de six ans. L'un descend volontiers la poubelle, l'autre ne cède qu'après une bonne crise de nerfs (réelle ou simulée) de l'épouse. Et d'ailleurs, quelle importance, de trouver les cuillers plus ou moins vite ?

Ensuite, il lui faudra encore assimiler que, pour avoir un verre propre quand il n'y en a plus dans le placard, il suffit de prendre un verre sale dans la machine et de le rincer !

Laissez le mari évoluer à son rythme. Un mari obéissant fait preuve d'intelligence. Il a sans doute calculé que la résistance (à descendre la poubelle, par exemple) le fatigue davantage que l'exécution simple de la consigne.

Néanmoins, les résistants sont souvent dotés d'une prodigieuse force d'inertie. Du caractère par défaut, cela aussi a son charme.

L'apprentissage de la propreté

Il ne s'agit pas de son hygiène corporelle, sur laquelle il est pointilleux à l'extrême. Ses produits de toilette occupent davantage de volume que les vôtres, et il adore prendre un bon grand bain moussant pendant que vous finissez de faire le ménage (bâclé par Ruth, la Polonaise au noir, que vous allez finir par virer si ça continue) et que vous préparez le dîner.

C'est de la cuisine que nous allons parler. Une fois par an en moyenne, le mari veut à toute force préparer le repas. Recouvrez au préalable tout ce qu'il est possible de plastique transparent (comme en cas de repeinte du plafond, par exemple). Rangez les bibelots qui dépassent, et restez à proximité pour lui rappeler dans quel tiroir au juste sont les ustensiles de cuisine (« *Dans celui de la cuisine, tu vois ? Celui qui est marqué "ustensiles de cuisine" !* »), ou éponger rapidement le beurre en pommade qui lui a glissé des mains. Ce sont, statistiquement, les maris qui ne savent pas faire une omelette qui se lancent dans le bœuf Strogonoff ou le caviar de truffes aux écrevisses. On ne sait pas pourquoi. Inversement, si le mari est un authentique grand chef, on le verra se rassasier d'un œuf coque avec une asperge en guise de mouillette, ou d'un filet de colin juste poché.

Les grands chefs travaillent vingt heures par jour, mangent peu, cherchent sans trêve la perfection : des hommes comme ça, vous n'en verrez qu'en photo dans les suppléments « magazine » des hebdos branchés. Quant à leurs cuisines impeccables après deux cents repas servis, elles vous assoient d'admiration. L'apprentissage de la propreté consiste, pour l'épouse, à décourager le mari de mettre un pied dans la kitchenette.

Mon truc en plus

Tout ce qui précède est un tableau idéal. Ne vous montrez pas trop rigide, toutefois. Il préfère le repassage au ravaudage ? Laissez-le choisir. S'il ne fait rien, ne faites rien non plus : c'est dès les débuts du mari que se décide votre future qualité de vie à vous. Il apprendra, avec stupeur d'abord, puis avec famine, qu'un frigo ne se remplit pas tout seul et que les semelles de ses Tod's ne sont pas auto-renouvelables. Jusqu'ici, sa maman, sa sœur et ses copines successives prenaient en charge tous les aspects matériels (prononcez : « chiants ») de son existence. C'est trop pour vous.

3. Les liens sucrés du mariage

La nouvelle vie d'un couple

Être amants ou conjoints, ça n'a rien à voir. Les amants d'hier sont parfois surpris de se retrouver tous les soirs face au (à la) même partenaire. Ils se demandent si tout le mariage va se dérouler ainsi. À deux adultes seulement. L'émotion si forte ressentie à la remise du livret de famille se transforme en panique. Il est normal de paniquer : c'est signe que vous avez enfin récupéré de cette cuite monumentale d'après-noces.

En général, la connaissance du mari se fait avec plaisir. Plus rarement, mais ça arrive, soit le mari chougne et agace ; soit la femme se désintéresse du mari parce qu'y a rien à faire, il est bien comme les autres. Soit encore le mari est plus désordre qu'on ne croyait : on jurerait qu'un motoculteur habite dans le salon, tant tout y est en l'air, à l'envers ou cassé.

Il ne comprend pas bien ce que vous dites, et en tout cas pas vite, surtout quand ça concerne une poubelle à sortir ou une course à faire. Il trouve les tâches ménagères « stupides, répétitives et limite humiliantes ». Il sait seulement faire démarrer le lave-vaisselle. Pour deux assiettes et une casserole.

La femme peut être aidée : une cuite au gin-tonic avec

de vieilles amies, suivie d'une chasse au minet – comme dans les seventies, oui –, donne habituellement de bons résultats. Contacter une vieille amie avant de loucher sur le pic à glace. Mettre des platform-cuissardes ; tracer dans la nuit et dans la ville et dans des hurlements hystériques.

(NB : ici, je dois évoquer le deuil du mari idéal. *Mix hype de Gary Cooper, Groucho Marx et Rambo, le mari idéal a échappé à vos recherches – mais pas à celles de Sharon Stone. Votre mari à vous est en vrac : beau comme Casimir, viril comme Woody Allen, drôle comme Gérard Miller.)*

Mon truc en plus

Les fiançailles ont été créées pour que les futurs s'habituent l'un à l'autre. Se fassent à l'idée. La bague de fiançailles symbolise la rançon payée par le promis en échange de la garantie que la promise n'invoquera plus Stallone qu'en silence. La fiancée se trouvera bien d'un abonnement au câble, et ses options cinéma : cycles Gary Cooper, compils Rambo et spéciales Marx Brothers entretiendront en elle une nostalgie érotique qu'elle fera aisément passer pour de la cinéphilie. En règle générale, plus la bague est chère, plus vite on se fait à l'idée de renoncer au mari idéal et de devenir cinéphile).

De l'échange à l'attachement

Ce qui vous importe, c'est de connaître les possibilités globales du mari au moment du mariage. De savoir que, par tous ses sens, il est prêt à entrer en contact avec vous. Il a beau avoir connu des femmes, cela n'a rien d'évident de se retrouver à la tête de sa femme personnelle homologuée par l'État, et souvent même par l'Église, année-modèle top récent. Le sens des responsabilités rend vite le mari pénible. Si le vôtre demeure un délicieux étourdi, égoïste et gaspilleur, ne vous plaignez pas trop : beaucoup de dettes tuent un couple, un peu de dettes le gardent jeune et alerte. Peu de gens le savent, mais avoir de l'argent avant trente ans accélère la calvitie.

J'ai vu des maris, persuadés d'avoir épousé la mère de leur descendance, se retrouver amoureux d'une créature, et pas plus pressés que ça de se reproduire. Inversement, pour peu que vous usiez de bigoudis dans l'intimité ou que vous vous laissiez pousser le duvet lusitanien ou la culotte de cheval, il manifestera rapidement un détachement plus ou moins poli. Un jour, il finira par vous appeler « maman », et ce sera trop tard.

Le tissage des liens

Pour le moment, il dort : allons le regarder. Il est plongé dans un sommeil profond. Laissez-le finir sa nuit, ne le réveillez sous aucun prétexte, hormis en cas d'incendie : le sommeil du mari est sacré – et somme toute reposant.

À l'approche du sein, le mari tremble d'excitation, bégaye et louche volontiers. Alors, ce mari qui paraît encore si fragile perd son souffle, s'étrangle, déglutit et avance les mains : il vous a reconnue. Il vaque à son devoir conjugal avec entrain jusqu'au moment où, véritablement épuisé, il ferme les yeux, apaisé, avec aux lèvres un sourire de béatitude et un ronflement sonore : c'est vraiment cela, sourire aux anges. Puis il retombe dans un profond sommeil.

Les difficultés de l'attachement

Il peut se passer bien des choses qui retardent l'adoption réciproque de l'épouse et du mari. Parfois, le sentiment de corde au cou l'étouffe. Tous les prétextes sont bons pour déserter le foyer. Vous avez l'impression d'être un chef de service qui collectionnerait les mots d'excuse.

Quelques exemples de ses bonnes raisons d'aller voir ailleurs s'il y est :

– son patron est mort, il est obligé d'assister aux obsèques. Vous : *« En pleine nuit aux Champs-Élysées ? »* Lui : *« Il faisait partie d'une secte sataniste, on va égorger un poulet au Crazy avec les collègues. »*

– son pote Robert est déprimé, il se sent moralement obligé de passer la nuit chez lui *« pour éviter qu'il fasse une bêtise »*. Et pourquoi il est déprimé, son pote Robert ? *« Sa femme, cette garce, s'est cassée sous prétexte qu'il la trompait. »*

– il fait une enquête sur l'impact économique du travail de nuit des femmes. Quelles femmes ? Quelle rue Saint-Denis ? Ordre du boss. On ne discute pas.

Parfois, tout simplement, le mari est lent de la tête. Après la cérémonie des épousailles, il reste coincé dans un état euphorique. C'est très mauvais signe. D'ailleurs, si cet état se prolonge au-delà de dix ans, cela signifie que vous avez épousé un homme heureux. C'est la cata ! Attendez-vous à ce qu'un de ces jours, il se rende compte qu'il n'a pas vraiment besoin de vous.

Dans d'autres cas, le mari refuse de vieillir. Il continue de porter sa casquette Rolling Stones rapportée du fameux concert de Wembley en 79, et arbore une Swatch fluo. Il s'achète des rollers ou une trottinette pour aller au bureau. Ne mouftez pas : attendez que les lazzi de ses amis aient eu raison de son obstination. Ou filmez-le au caméscope dans ce karaoké où il prétendait surclasser NTM. Chorégraphie incluse.

La sécurité affective

C'est le besoin essentiel du mari, et le seul terrain où vous puissiez espérer régner en maître. Il ne confierait pas ses pannes sexuelles à ses amis, encore moins à sa maman. Tandis que vous, vous êtes au courant, et c'est un peu normal. Il vous revient donc de le rassurer, de le consoler, de lui faire des mensonges revigorants (« *Je n'ai pas connu un seul mec infaillible, ça arrive aux meilleurs* » – tu parles !) et de prendre rendez-vous chez le sexologue. La perspective d'une thérapie de groupe et d'une érection chronométrée suffit dans la plupart des cas à redonner des forces au mari.

D'un autre côté, un mari sécurisé à fond se désinhibe si rapidement qu'il n'hésitera pas longtemps avant de tromper sa femme, tranquille qu'il est de la retrouver toujours pareille, réconfortante, présente, compréhensive.

Il faut la jouer fine. Par exemple, de temps à autre, lui lancer : « *Ne bois pas trop, mon chéri, tu sais bien que ça nuit à tes performances.* » Prononcée en public, cette phrase résonne comme une menace. S'il blêmit, atténuez le propos par un : « *Tes performances au squash, je veux dire.* »

La sécurité affective, c'est le filet de protection qui l'empêche de se crasher comme n'importe quelle station Mir à chaque ennui professionnel ou en cas de contrôle fiscal. Mais on a vu des filets craquer. Ne le laissez jamais oublier ça.

La surprotection

L'épouse a naturellement tendance à protéger le mari, dont le côté empoté l'attendrit. Il est si gourde, si fragile en apparence, et sa dépendance est totale. Et s'il se tranchait l'avant-bras en ouvrant cette boîte de petits pois ? Et s'il tombait du cinquième en arrosant les plantes du balcon ? À ces questions angoissantes, qui entretiennent votre culpabilité innée, une seule réponse : et si ma tante en avait ? Le mari ne vous a pas attendue pour développer un féroce instinct de survie, et d'ailleurs il n'arrose jamais les plantes (sauf de bière, en fin de « soirée entre potes ».)

L'autorité

Pouvoir compter sur la fermeté de sa femme rassure le mari. N'ayez donc aucun scrupule à le rudoyer, à lui rappeler qu'il a payé la taxe foncière en retard, d'où pénalité et annulation du week-end à Deauville, merci encore.

Sans vous, il serait encore le consternant gland en jogging qui se gave de chips devant un match de deuxième division. Qu'il n'oublie jamais ça non plus !

Ne revenez pas sur une décision ferme : les poubelles, c'est lui, point barre. Ne cédez pas à ses caprices.

(NB : si c'est en public qu'il pique sa crise et commence à trépigner, pincez-le discrètement mais violemment. Jamais sa maman n'aurait eu cette cruauté, là réside votre avantage.)

Le mari maltraité

A priori, il est difficile de croire qu'on puisse maltraiter un mari, surtout s'il est très costaud. Mais nous avons tous été témoins de situations où une épouse, très colère, hausse le ton au point que ses paroles dépassent sa pensée. Il ne faudrait pas que le mari prenne au pied de la lettre les invectives suivantes :

– *« Quand on est monté comme un serin, on fait cui-cui et on ne la ramène pas » ;*

– *« Ne m'énerve pas, sinon je te fais une semaine végétarienne, tu vas comprendre ta douleur ! »*

Droits du mari

Officiellement le mari a des droits, définis par la Déclaration des droits de l'homme marié : droit de respirer, droit de faire son lit, droit de descendre la poubelle. Il est aussi protégé contre la torture (Convention de Genève) et les blattes (Protocole dit de Baygon). Mais il conviendrait d'y ajouter un droit que l'épouse concède difficilement au mari : le droit de fumer dans les toilettes quand il a annoncé partout qu'il arrêtait de fumer.

Il a l'air désœuvré, il rêvasse mais en fait il n'attend que votre excursion à la supérette pour s'en griller une.

Il vous y a préparée. Depuis des semaines, il se plaint que le cinéma US est mort avec les lois anti-tabac, puisque désormais dans les films américains c'est un peu facile : seuls les méchants et les serial killers fument.

Parallèlement, il vous incite à rejoindre votre potesse Coco (de la fac) à Montpellier, ou à aller faire un peu de shopping, *« comme ça, pour rien, fais-toi plaisir. »*

Laissez-lui le champ libre, et le temps d'aérer avant votre retour. Il ne transgresse, après tout, que ses propres interdits. Faites du shopping. Payez en chèque, sur le compte joint. Appelez Coco. Racontez-lui. Ricanez.

Et rentrez d'un pas calme : imaginez-le juste en train d'organiser de savants courants d'air dans votre trois-pièces.

La famille du mari

Régulièrement, il nous est rappelé que la famille tient une place de choix dans le cœur des Français. Et c'est bien naturel. Car la famille :

– aide à éviter la commission de surendettement (saleté de salon en fleur d'autruche), au moyen de petits chèques qui dépannent bien ;

– vous soutient face au conjoint, en vous trouvant des excuses auxquelles vous n'auriez jamais pensé toute seule ;

– vous accueille pour les vacances pendant les étés fauchés ;

– assure que vous êtes très bien comme ça et que mieux vaut faire envie que pitié.

La famille du mari, pourtant, est traditionnellement difficilement supportable. Vous prenez sur vous. Jamais vous n'aurez autant pratiqué la respiration abdominale profonde que lors des repas chez ses parents. Son père est tellement gland que vous le soupçonnez d'avoir voté Chirac dès 1981. Quant à sa mère, c'est une tragédie ambulante, la Marie Bell du Faubourg Saint-Antoine : elle l'emmenait aux urgences dès qu'il avait plus de 37,2°, et se griffait les bras en attendant le verdict des médecins.

Il n'y a guère que votre belle-sœur qui vous semble supportable. Sans doute parce qu'elle déteste sa mère.

Mon truc en plus

Un autre exemple typique du respect dû à la vie privée du mari : le courrier suspect. Il reçoit une lettre à son nom, encre turquoise et parfum muguet : même si vous vous doutez bien qu'il y a anguille, c'est sa lettre, c'est à lui de l'ouvrir – et à lui de trouver un mensonge plausible. J'insiste. C'est une règle morale intransgressible.

A moins bien sûr que vous ne soyez suffisamment habile pour décoller sans dégâts une enveloppe à la vapeur.

Par contraste, la vôtre est forcément mieux, et nettement moins pénible (ne serait-ce que parce qu'elle a le bon goût de vivre à huit cents kilomètres de chez vous. Et parce que votre mère, elle, n'appelle pas tous les soirs pour s'enquérir de votre transit intestinal, de votre *« ménage »* et du menu du dîner.)

Que faire de sa mère ?

Tout mari pense à sa maman : absente physiquement (dans le meilleur des cas), elle joue néanmoins un rôle important dans sa vie. Il n'a pas fini de vous en parler. C'est une sainte et un cordon bleu. Non contente de régner au plus haut, elle tente aussi sans trêve de s'infiltrer dans votre couple, *« pour vous aider à démarrer dans la vie »*.

À vos yeux, ce culbuto permanenté incarne la jalousie, l'autosatisfaction et l'impérialisme domestique – autant dire la concurrence déloyale.

Inscrivez-vous au cours d'art dramatique municipal et apprenez à jouer une indifférence polie, seule attitude susceptible de la décramponner. Soyez irréprochable, ne craquez jamais. Droguez-vous si nécessaire. Attendez que le mari sorte enfin de son enfance.

Il est si attendrissant qu'on lui donnerait des claques quand il pense à sa maman qui réussit parfaitement la blanquette, qui lave sans que jamais rien déteigne, qui repasse (même les caleçons, même les chaussettes) comme un pressing. Qui n'a seulement jamais vu une frite surgelée (ça la tuerait, elle a des ancêtres belges). Qui ne possède d'ailleurs pas de congélateur. Mais qui dispose d'environ dix heures par jour pour faire les courses et les repas. Vous, environ une demi-heure tout compris.

Ne luttez pas contre l'icône. Inclinez-vous. Aplatissezvous. Admirez. Mais s'il vous offre le parfum de sa mère, ressortez une allergie oubliée pour justifier votre refus ferme et définitif de le porter. Sans quoi, il ne regardera bientôt plus vos seins du même œil : il y verra des mamelles, par association d'idées. Des mamelles de mammifère. Et vous vous retrouverez jeune maman primipare avant d'avoir acheté votre premier string en latex, autant dire beaucoup trop jeune.

Mon truc en plus

Ne généralisons pas : il existe des mamans de mari très gentilles, discrètes et charmantes. Enfin, c'est ce qu'on dit.

4. Étude comportementale abrégée du mari

L'agressivité : qualité ou défaut ?

À certains stades de son développement, le mari manifeste de l'agressivité.

Le mot « non » est au centre de ses colères. Non, il ne vous prendra pas un gros pinceau à poudre en martre chez Shu Uemura en sortant du bureau. Non, il ne mangera pas cette terrine de tofu aux algues, et d'ailleurs où sont rangées les boîtes de raviolis ? Non, il n'ira pas voir ce chef-d'œuvre lituanien dont les *Inrocks* ont breveté l'» *incontournabilité* ».

Parfois, c'est en frappant du pied qu'il refuse d'obéir.

Cette réaction du mari n'est pas le signe d'un caractère difficile. Elle apparaît chaque fois qu'il doit franchir une étape importante de son évolution.

L'agressivité signe toujours un état de crise. Le mari sera plus teigneux si :

– il essaie d'arrêter de fumer ;

– il essaie d'arrêter de boire ;

– c'est finalement à Kevin Dugenou qu'on a offert la direction du service « merchandising » ;

– sa maman l'a grondé.

Si aucun de ces motifs d'irritation n'est en cause, attention : peut-être le mari vient-il de prendre un râteau avec la réceptionniste de sa boîte, celle qu'il appelle « la Bimbo ». Méfiance.

Que faire en cas de scène ?

Diversion. Il faut faire diversion. La scène s'annonce par des signes précurseurs : froncements de sourcils, froncement de nez, froncement de bouche. Devant un mari tout rétracté, exclamez-vous gaiement : « *Oh ! Regarde !* » et montrez-lui vos seins (si vous en disposez en quantité suffisante).

Une autre suggestion, quand les circonstances s'y prêtent, c'est le pari : « *Je te parie que si tu continues à loucher comme ça, tu vas rester coincé.* »

Classique, mais souvent efficace (« *Moi, je louche ? T'es sûre ? Je louche ?* », suivi d'un repli précipité vers le miroir de l'entrée, où il s'inspectera jusqu'à ce qu'il ait oublié pourquoi il allait faire une scène.)

Mon truc en plus

Un bon effet de surprise s'obtient notamment par la défenestration. La vôtre ou la sienne, peu importe : l'essentiel est qu'il ne s'y attende pas.

(NB : en camping, chercher autre chose. Menacer par exemple d'avaler un piquet de tente.)

Mais il arrive que la scène vienne trop vite pour que vous puissiez y parer. Il faut alors opposer votre calme (« *Mon pauvre ange, va... Non mais tu t'es vu ? T'es tout mauve...* ») à sa colère (« *Idiote ! Fille-à-papa ! Affameuse !* »).

Il y a aussi la scène publique, gênante pour l'épouse : le mari s'y révèle, et révèle au monde de quel goujat sa femme se contente. Là, pas d'autre recours que la menace : « *Tu vas voir quand on sera rentrés ! Et je ne cautionnerai pas ton emprunt pour la SAAB turbo, je te préviens, t'es prévenu !* »

Il y a enfin la scène qui doit cesser, sinon on manque le train (l'avion, le bus, la séance de 23 heures). On peut promettre, pour une reddition totale et un arrêt des cris, une petite surprise, une gâterie. Méthode peu recommandée, mais qui évite de perdre les 8 000 francs engagés pour un « week-end Saint-Valentin de rêve à Venise dans un hôtel de charme à deux pas du célèbre Danieli ». Quoi qu'il en soit, le silence a des vertus apaisantes.

Donc : faites-le taire.

Le mari agité

Certains maris demeurent sur le qui-vive longtemps après que la cohabitation s'est instaurée. Ils se cachent pour fumer, sursautent quand vous les surprenez en plein visionnage d'un film sur XXL et s'écrient « *Quel racolage, ces bouquets-satellite !* » avant même que vous n'ayez commencé à les enguirlander.

Le mari agité, surtout quand il se lance dans la construction artisanale d'une armoire de toilette, se trouvera bien d'une poignée de gélules de tilleul écrasées dans un pastis. Ou d'un coup de batte derrière l'oreille.

Sur le mari agité, lisez *Le full-contact en deux temps-trois mouvements* (La Récré Ed.).

Le mari au chômage

Que faire avec un mari au chômage ? Se dépêcher de faire un bébé. Un prématuré fera l'affaire. Profiter que le mari reste à la maison (on cherche du boulot sur le net, de nos jours, pas dans les antennes ANPE) pour lui confier le marmot pendant les premiers mois, les plus fatigants. Vous prendrez le relais quand il aura atteint le niveau de propreté requis pour aller en maternelle (le bébé, pas le mari).

Le chômage du mari offre de multiples avantages. Non seulement il a le temps de faire les courses, mais comme il est costaud, il rapporte les bouteilles (vin, lait, bière, eau – liste non exhaustive) et les produits ménagers chaque jour : fini les expéditions à l'hyper en nocturne (plus pénibles qu'une soirée devant *Téléfoot* spécial D2) ou le samedi matin. Si le mari n'est pas spécialement costaud, il le deviendra vite : c'est très lourd, tout ça, mine de rien. Ça muscle.

(NB : dans l'ensemble, tout ce qui est pénible, répétitif et vide de sens donne des muscles. Faire le ménage, monter cinq étages à pied, les redescendre en ployant sous le poids des bouteilles vides à jeter dans le container, remonter, nettoyer les sanitaires à fond : ça muscle. Arnold Schwarzenegger est probablement un garçon serviable à l'extrême.)

Le mari qui s'occupe d'un nourrisson tisse avec lui des liens privilégiés. C'est l'argument que vous mettrez en avant, et non pas : « *Je l'ai trimbalé dans mon ventre pendant neuf mois, je suis tapissée de vergetures, et pour couronner le tout, je devrais me lever la nuit pour lui masser le ventre quand il a des coliques ? Eh oh ! Je travaille, le matin, moi !* » (À éviter autant que possible.)

Les disputes entre maris

Bien des disputes empoisonnent la vie amicale parce que les maris sont bruyants et bagarreurs. Elles entraînent des baffes sur le coin du nez, ainsi que des fâcheries. Les maris se disputent généralement sur les sujets suivants :

– la Voiture : Mercedes, BMW, Audi ? (Diesel, essence, GPL) ;

– les femmes (« *Mais quand je dis* : “Toutes les présentatrices météo ont couché”, *je pense pas spécialement à ta femme, Bob... Calme-toi, Bob ! Wha puuuutain... tu te calmes ? Ou je te calme ? Ou peut-être tu préfères qu'on demande à ta salope de femme ?* »).

Quand la dispute entre maris ne dégénère pas en cuite entre maris, il faut vous inquiéter. S'ils se fâchent vraiment, Bob et lui, jamais cette salope de Patricia ne voudra vous prêter son mas retapé à Carqueiranne l'été prochain.

Dans une dispute, faut-il intervenir ? Lorsque les épouses voient que les maris n'arrivent pas à dominer leur agressivité, elles peuvent intervenir, mais en prenant certaines précautions :

– ne pas hurler plus fort que les maris, sans quoi on se croit tout de suite dans une émission de Dechavanne ;

– ne donner tort ni à l'un ni à l'autre, mais aux deux, en élargissant le débat : « *Vous les mecs, vous êtes tous aussi glands les uns que les autres* » ;

– les distraire pour mieux les séparer en douceur. Par exemple, apporter un méga-sachet de chips à l'ancienne et des bières fraîches.

Mon truc en plus

Tenir compte de l'âge des maris. Vous, à quinze ans, vous étiez mûre et sensée. Lui n'atteindra ce nirvâna que vers la septentaine. Il sera blet avant d'avoir mûri, autant vous y faire. Sans parler de Robert, cette burne susceptible.

Les frustrations

Les épouses vivent parfois dans la crainte que leur mari ne soit frustré. Elles ont raison et tort. Le mari n'est frustré que de sa vie de célibataire, sans horaires, sans diététique, sans carreaux à faire et pleine d'illusions sur son avenir radieux. L'épouse remédiera aisément à la situation en s'absentant régulièrement pendant une semaine chez sa copine Coco de la fac qui, ça tombe bien, habite à l'autre bout de la France.

Ces désertions préméditées n'offrent que des avantages : le mari, livré à lui-même, commence par une nouba à tout casser, enchaîne sur un poker sauvage, emprunte le scooter de Robert et parcourt trois fois les Champs à toute vitesse. Puis il se calme. Très vite, il s'ennuie. C'est là qu'il se souvient que vous rentrez dans deux jours. Culpabilité aidant (la culpabilité, à l'usage, fait plus que force ni que rage), il se lance dans un grand nettoyage de la maison. Vous récupérez un homme apaisé et un appart' nickel : n'hésitez donc plus à les abandonner de temps en temps l'un à l'autre. Il est bon pour le mari de découvrir peu à peu que tout n'est pas facile, et notamment de détacher un tapis Andy Warhol détrempé de rhum-coca.

Les complexes

Le complexe d'infériorité se traduit chez le mari par des pudeurs de gonzesse. Il ne prend pas sa douche à la gym avec les autres, sous prétexte que l'eau y est calcaire. Comment faire pour qu'un mari développe sa confiance en lui-même ? En évitant de lui répéter sans cesse : « Ça ne la fera pas grandir de ne te déshabiller qu'à la maison... En attendant tu pues le bouc ! » Et surtout en le laissant aller au bout de ses obsessions centimétriques, quitte à lui fournir un mètre-ruban, plus confortable pour s'auto-évaluer que le mètre pliant, où il a tendance à se coincer les doigts et le reste. Peu à peu, le mari prend confiance en lui, surtout s'il y a un nouveau au sport et qu'il se trouve être séminariste.

La consultation psychologique

En même temps que les joies qu'elle donne, la vie avec un mari comporte des difficultés plus ou moins grandes, des crises, voire des problèmes. De ces difficultés, bon an mal an, l'épouse se sort. Mais parfois elle n'en voit pas le bout et se demande où trouver de l'aide.

Je n'ai que rarement recommandé le recours au psychologue, jusqu'à ce que je rencontre Jean-Bernard, qui est extrêmement sexy et ne peut pas nuire. Vous-même, en cherchant bien, vous trouverez des psychologues extrêmement sexy près de chez vous. Il ne restera plus qu'à y traîner le mari. Pendant que vous fantasmerez en silence sur les belles cuisses de Jean-Bernard, le mari se défoulera, racontera son rêve de l'autre nuit, ce rêve bizarre avec un scaphandrier transsexuel qui jette des confettis aux poissons.

Où trouver un psychologue sexy ? Par bouche à oreille, par bouche à bouche, par bouche bée. Se méfier de l'Ordre des médecins, qui n'offre aucune garantie de sexy.

Lorsque le mari pleure

Entendre un mari pleurer est rare, mais éprouvant. Est-il malade ? Faut-il le prendre dans les bras ? D'abord, toujours aller voir un mari qui pleure. Ne serait-ce que pour raconter aux copines le lendemain. En général, c'est la vodka ou le patron qui font pleurer. S'il n'y a pas de vodka en vue, c'est qu'il s'est fait souffler la place de bras droit du boss par ce gros con de Duneux. Ou qu'il a revu son premier amour (qui lui a dit qu'elle l'aimait toujours).

Attendez quelque temps avant de lui annoncer que vous, vous l'avez eue votre promotion, et les doigts dans le nez encore. Ou que vous aussi avez revu votre premier amour (il a créé une start-up rue des Jeûneurs, l'a revendue avant le krach, et il continue de vous draguer grave).

Les pleurs du mari malade

Un rhume, une carie dentaire, une douleur à l'estomac : avis de tempête. Le mari erre d'une pièce à l'autre en gémissant, étouffant des sanglots de détresse. Il hurle qu'il souffre. Dans tous les cas de figure, et sauf s'il est passé sous une rame de métro, de l'aspirine, trois granules d'Arnica 3 CH sous la langue avec un peu de lait chaud seront servis en même temps que des propos pleins de compassion, de tendresse et pour tout dire d'amour.

Le mari gâté

L'épouse est là pour fixer des limites. D'instinct, le mari n'en a aucune : il peut débouler à 20 heures avec quinze copains affamés, perdre les sous des vacances au poker, oublier de vous rapporter les cigarettes ou le Lexomil. Si la femme n'est pas là pour l'arrêter, il peut même héberger un ami SDF qu'il a connu quand ils bossaient chez Publicis ensemble. Pour son bien, sévissez. Mais intelligemment.

Au lieu de virer ses copains gloutons, dressez une table impeccable et servez-leur une sardine en boîte et une biscotte chacun, en vous confondant en excuses : c'est à la fortune du pot. La prochaine fois, il passera chez le traiteur avant de venir. Ou, plus probablement, il ira dîner ailleurs. Au restaurant, par exemple, qui a été un peu inventé pour ça.

Une punition, si elle est juste (voire une fessée, si elle est vraiment méritée), n'a jamais traumatisé un mari.

(NB : si c'est lui qui réclame la fessée, demandez par e-mail recommandé à Wanadoo de lui interdire l'accès aux sites SM.)

Il n'est pas toujours facile d'exercer son autorité sur un mari. La tentation est souvent grande de le laisser faire. La cinq centième fois où vous lui expliquez que les cuillers sont dans le tiroir de droite du buffet, le tiroir marqué « couverts », vous sentez une terrible lassitude vous envahir. Ressaisissez-vous ! Un martini dry plus tard, restez ferme : « *Cherche les cuillers et tu les trouveras. Ou alors mange ta soupe de fèves à la fourchette. À toi de voir !* »

5. La vie sexuelle du mari

L'éducation sexuelle

Ni parodie de film X, ni pudibonderie malvenue. Vous êtes son épouse : à équidistance de la chienne lubrique et de l'oie blanche, vous n'avez rien contre la chose. Mais point trop n'en faut. Votre mari vous doit le respect, mais se doit de vous honorer à la hauteur de vos espérances. En d'autres termes, si vous avez une migraine, qu'il vous laisse en paix, et si vous êtes d'humeur à grimper aux rideaux, qu'il vous fasse la courte échelle.

L'éducation sexuelle du mari consiste, parallèlement, à lui inculquer la notion de fidélité. À défaut, bourrez ses poches et son attaché-case de préservatifs, et apprenez-lui les vertus du mensonge par omission : que sa mauvaise conscience l'empoisonne, et les MST aussi par la même occasion ! Vous ne voulez pas le savoir. C'est le commencement de la sagesse.

La sexualité maritale

Rien ne semble plus éloigné du mariage que l'idée de sexualité. Le mariage a été conçu pour renforcer les structures sociales préexistantes et assurer le renouvellement des générations. Vous, si ça se trouve, vous vous êtes mariée surtout parce que c'était plus simple à tous points de vue, à commencer par les impôts ; mais aussi les demandes de crédit, les signatures de bail, les tarifs couple SNCF, etc.

Si vous êtes dans ce cas, votre sexualité n'a aucune raison de changer. Continuez comme vous avez toujours fait : gardez un coquin sous le coude, pour les soirs de cafard ou de vengeance.

Si au contraire vous vous êtes embarquée dans un plan « fidélité » – par conviction religieuse ou isolement géographique – au moins avec le mari, lâchez-vous. Au risque de malmener sa scoliose, rendez-le 100 % dépendant de vous. Quelques séances fougueuses suffiront à imprimer dans son cerveau reptilien l'image d'une épouse échevelée et folle d'amour.

LE COUPLE, CETTE ÉQUATION À DEUX INCONNUS

1. Le couple moderne

L'épouse d'aujourd'hui

Un mari, une épouse : deux personnes de sexes différents, c'est préférable dans le cadre du mariage et la perspective de la procréation. C'est nécessaire, aussi, aux 9/10e de l'humanité. Mais pas indispensable. Il peut s'estimer heureux de ne pas se retrouver en ménage avec une drag queen, et en conséquence, vous manifester sa reconnaissance à chaque instant de chaque jour.

(NB : si vous-même êtes drag queen, faites semblant que j'ai rien dit.)

Mais qui dit couple dit concessions. Veillez tout de même à ne pas en faire trop. Le plus raisonnable étant de n'en faire aucune, c'est pour son bien ! Heureusement, l'épouse d'aujourd'hui sait mieux s'y prendre que ses ancêtres au foyer. N'oublions pas qu'il y a encore quelques années, nombreuses étaient les épouses qui hésitaient à reprendre leur travail après le mariage. Tenir une maison et un mari propres suffit à occuper une personne à plein temps.

Tout a changé très vite quand les épouses ont compris que, plus elles restaient à la maison, plus le mari se reposait sur elles, leur confiant des tâches multiples et fastidieuses. Continuer de travailler, c'est conserver d'excellentes excuses sous le pied pour :

– prendre une aide ménagère polonaise au noir ;

– ne pas avoir le temps de gérer la paperasse ;

– être trop fatiguée pour se rendre porte de Versailles au Salon du Cigare.

Je voudrais quand même dire deux mots à cette jeune épouse heureuse d'avoir un mari, et qui reprend son travail : ce mari, vous l'avez souhaité. Alors, si vous le pouvez, donnez-vous quinze jours pour profiter l'un de l'autre.

Cette coutume, certes un peu désuète, se nomme « voyage de noces ». Le voyage de noces est habituellement sponsorisé par liste de mariage interposée. Il a pour fonction de vous permettre de « décompenser » (comme dit familièrement mon psy) après le « passage à l'acte » du mariage, en un lieu paradisiaque tant qu'à faire, c'est-à-dire où Madame est servie. La destination importe peu, l'essentiel pour vous est d'apprendre à ouvrir vos orteils en éventail et à bâiller élégamment.

Le mari d'aujourd'hui

Bien des choses ont changé dans les rapports mari-femme. Entre autres, ont disparu :

– la confusion fréquente entre épouse et esclave, dans la mesure où l'épouse se revend mal, contrairement à l'esclave ;

– la tendance à engrosser la femme tous les dix mois (davantage pour des raisons de contrainte immobilière que par souci de planning familial, chez le mari) ;

– l'exigence en général.

Le mari a appris à demander poliment. Depuis peu, il existe même des Chiennes de garde ®, auxquelles on peut dénoncer par voie de lettre anonyme les maris mal élevés, infidèles ou lecteurs de *FHM*.

Mon truc en plus

Certes, au début, les maris sont inexpérimentés ; mais l'apprentissage se fera vite, surtout s'il s'assortit d'un chantage sexuel : les factures ne sont pas signées ? Pas de galipettes ! Bien vite, le mari comprendra où est son intérêt. En l'occurrence, son intérêt est d'emporter la paperasse du ménage au bureau, où il trouvera tout le temps et la concentration nécessaires pour s'en occuper.

Épouse fatiguée, épouse énervée

Vous n'avez pas fini d'être fatiguée et énervée. Vos journées sont bourrées à craquer, contrairement à celles du mari qui, en sortant du boulot, va faire un squash (ou une belote) avec des potes, puis rentre manger ce que vous avez cuisiné, avant de s'endormir devant « Sans aucun doute » (ou la soirée « Thema » d'Arte).

Les statistiques sont formelles : les femmes les plus fatiguées sont les femmes mariées. Les célibataires, elles, n'ont généralement pas de traites à payer pour le salon en autruche et la Voiture, et peuvent s'offrir une femme de ménage. Donc, n'ayez ni complexes, ni culpabilité, ni haine des salons en autruche.

Mais alors, que faire ? Dans l'immédiat, au sommet de l'énervement, surtout ne craquez pas ; soyez directe, mais pédago, genre : « *Lâche-moi un peu, tu veux ? Ta mousse à raser à la con, t'as qu'à aller te la chercher toi-même, non mais je rêve ou quoi ??* » Après ça, pour vous détendre, laissez tomber les exercices respiratoires. Servez-vous deux Ricard bien tassés, et allez faire trois tours de périph' dans votre Mini pied au plancher.

Si vous êtes vraiment épuisée, il est peut-être temps d'envisager une réorganisation du couple et de confier au mari quelques travaux amusants, tels que :

– dépoussiérer au plumeau antistatique, bien-bien dans les coins, et sur les plinthes aussi ;

– refaire les vitres derrière la femme de ménage (qui ne va pas faire long feu ici, celle-là) ;

– débarrasser le cagibi ;

– porter à réparer le fax, le décodeur numérique, le téléphone de la chambre et le grille-pain (sans oublier son pardessus, dont la doublure s'est transformée en traîne) ;

– devenir responsable officiel des poubelles et du tri sélectif citoyen des déchets.

Le mari fera tout ça bien mieux que l'épouse, qui ne doit pas placer son orgueil dans des détails.

La conversation

Les maris, pour la plupart, regrettent de ne pas assez bavarder avec leur femme. Leurs plaintes les plus communes :

– « *Je lui parle cylindres en ligne, elle me répond vacances en Toscane* » ;

– « *Le X du mois sur Canal, ça ne l'intéresse pas du tout. Pourtant, elle a plus à y apprendre que moi !* » ;

– « *Quand elle veut communiquer, elle choisit toujours la redif de* Die Hard, *ou des* Blues Brothers. *J'suis pas loin de penser qu'elle le fait exprès* ».

L'épouse, dans un souci de diplomatie, veillera donc à se tenir un peu au courant de l'évolution des cylindres et des programmes TV, et évitera de demander au mari si « *oui ou non on passe le réveillon chez ta sœur, parce que si c'est pour faire risette à ta mère, merci bien, je préfère encore servir la soupe aux SDF sous le métro aérien* ». Surtout en plein *Die Hard II*, quand le terroriste fou envahit avec ses hommes les sous-sols de l'aéroport Dulles de Washington D.C.

Le futur enfant

Il n'y a pas le feu. Vous en évoquez parfois l'idée, mais rien de grave.

Vous évoquez aussi l'idée de vous installer définitivement dans une île des Samoa de l'ouest, et puis bon.

2. Le désamour

Le dégrisement

Soyons honnêtes (on est entre nous). Depuis des années vous ne pensiez qu'à ça : un mari et un bébé (dans cet ordre-là autant que possible).

Mais ce mari que vous avez tant souhaité, ça fait quelque temps que vous vous demandez bien pourquoi vous l'avez tant souhaité. C'est normal, vous êtes en phase de dégrisement.

Les symptômes

Les plus courants sont les suivants :

Vous passez quatre heures par jour à surveiller le repassage de ses liquettes par Ruth (la Polonaise au noir), à ranger son souk, à faire des allers-retours entre le petit Arabe ouvert tard et votre domicile pour le ravitailler en vodka, vous vous abonnez à Canal 16/9e pour le foot et le X sous un prétexte culturel valable (« *J'apprends l'anglo-américain dans le texte. J'en suis à* “ Fuck ” *et* “ Fucking ”, *j'assimile bien* »), et résiliez votre abonnement à *Elle Déco* parce que vous n'avez plus le temps de rien lire d'un tant soit peu théorique.

Ce charmeur qui vous avait conquise à grand renfort de bouquets, d'humour (pour cacher ses fêlures intimes), de bons restaurants, d'élégance à la Delarue, de soirées Bergman et de week-ends trouvillais cède la place (sans que ça semble trop lui coûter) à un apprenti-Raymond en jogging Celio. Il a oublié l'adresse du fleuriste, dit préférer de bonnes pâtes à la maison au bortsch à l'herbe de bison de « La Maison du caviar » et la télé aux sorties soudain décrétées trop « prise de tête ». Le canapé, que vous aviez choisi assorti à sa SAAB, est devenu en quelques mois son meilleur ami.

Mon truc en plus

Il faut que l'épouse prenne sur elle et ne tue pas l'époux au pic à glace. Il faut aussi qu'elle sache que, pour lui faire parvenir un message urgent le soir et les fins de semaine, le mieux sera encore de s'inscrire à un « chat ».

*Et quand il a épuisé son forfait de 20 heures sur Internet, il zappe si virtuose qu'il ne rate rien, jamais, nulle part *. Une deuxième télé s'impose, si vous tenez à amortir votre abonnement au vidéoclub. Vous serez bien contente de la trouver lors du prochain Mondial de foot. En cas d'adepte du foot (qui redevient tendance), invitez ses amis (+ chips, cacahuètes, pizzas Hut et boissons) et sortez avec une vieille copine (+ chichon, thé chez Angelina et photos de vieux flirts) ou avec votre petite sœur, d'un modèle plus récent (+ ecsta, techno et piercing).*

---

* Aux côtés de Lio et Clémentine Célarié, j'ai amplement apporté la preuve que, pour passer à la télé, il suffit de montrer autant de seins et de cuisses que les caméras peuvent en absorber.

3. Le mariage, sinon rien

Vous envisagez la vie sans mari

Vous pensez souvent à toutes les alternatives au mariage, et parfois elles vous tentent. Ainsi, quand le mari décide de se mettre au golf ou d'acheter un 4 x 4, et que vous prenez soudain conscience que vous êtes mariée à un vieux. C'est d'autant plus insupportable que vous avez le même âge. La différence, c'est que vous vous sentez encore belle et intrépide, et que lui vient de commander aux Trois Suisses un chauffe-reins en thermolactyl.

Enfin seule

Libre, libre, libre ! Vous vous enivrez du mot. Là, votre pote Coco de la fac vous appelle : connaîtriez-vous une agence pour adopter des bébés en bon état ? À force d'attendre l'homme parfait, Coco a doublé le cap trentenaire, et elle se sent bien seule quand elle quitte son job épatant et qui rapporte. Les hommes comestibles lui font savoir chaque jour qu'ils préfèrent vivre avec une fille moins flippée par son horloge biologique.

Consolez Coco. Envoyez-lui un Chronopost d'anxiolytiques, chocolats fins et alcools forts. Ne reculez devant aucune outrance, jurez qu'elle serait votre femme idéale si vous étiez lesgouine. À votre tour, affolée à cette seule idée, d'avaler un Lexomil. Le Lexomil efface l'image des gros genoux de Coco, et toutes les images pénibles en général : mari lisant son relevé bancaire, belle-maman en nuisette dans la location de La Bourboule, propriétaire agacé parce que vous stockez quelques vélos cassés et caisses de spiritueux sur le palier...

C'est ainsi que votre époux peut, de bonne foi, affirmer à une assistance en état de choc : « *Frigide Barjot est la femme la plus équilibrée que j'aie jamais connue.* » Et c'est vrai que vous allez rarement au-delà de trois ou quatre crises de nerfs par jour, mais seul votre médecin sait à quel prix. Avant vous aviez tendance, en cas de grosse angoisse, à vous coincer les doigts dans une porte et à la refermer violemment dessus. Le Lexomil distrait tout aussi efficacement sans bousiller votre vernis. On peut dire que la femme est supérieure à l'homme, puisque l'homme se saoule et reste au lit, tandis que la femme – *a fortiori* l'épouse – se drogue et reste avenante.

Mon truc en plus

Si votre mari est flippé, chanteur, sportif ou chef d'entreprise, il se drogue également, et c'est avec un bon sourire crétin qu'il vous tendra les comprimés. On appelle ça, selon les cas, « complicité dans le couple », ou « usage et trafic de stupéfiants ».

Vous songez au divorce

Calmez-vous. Si ce n'est pour se remarier, à quoi bon divorcer ? Et s'il s'agit de se remarier, méditez d'abord cet extrait du *Manifeste foutiste* cosigné par mon mari et moi-même (Lattès) : « *Il en va des maris comme des romans : le premier est toujours sincère, le second toujours médiocre. Et ce n'est qu'à partir du troisième qu'on acquiert le tour de main qui signe une authentique vocation. Alors, autant le savoir : à moins de te lancer dans une série de mariages au terme de laquelle, telle une serial killeuse, tu éprouveras la satisfaction des grandes maniaques collectionneuses, tu ne te remarieras pas.* [...] *Quand on a une fois subi le parcours du combattant du divorce, connu les avocats rapaces, les procédures qui s'éternisent et engendrent une amertume tenace, et le juge aux affaires matrimoniales, qui s'en fout comme de sa première toge, on le sait. Mais c'est trop tard.* » Enfin, à vous de voir.

Mon truc en plus
Claquez un maximum sur le compte joint. Ça lui reviendra aussi cher qu'un divorce, et ça lui fera les pieds.

Vous désirez prendre un amant

Vous irez en enfer. Mais c'est bien le seul argument contre.

Vos convictions religieuses et la crainte de vous faire gauler excluent le recours à l'amant ? Tant mieux. Avec votre sens précaire de l'organisation, ce serait kamikaze. Mais rien ne vous empêche de prendre un fantasme. Comment croyez-vous que font les autres ? Rien ne vous empêche non plus de laisser croire au mari que vous avez un amant. Voilà une occupation ludique et qui n'engage à rien.

Vous n'excluez pas de tuer votre mari

Rien n'est plus naturel. Toute femme connaît un jour ce climax dans l'exaspération, qui intervient généralement lors du découpage du gâteau, au septième anniversaire de mariage, lorsqu'il demande où sont rangés les cuillers. Tuer un mari reste mal vu des autorités civiles et religieuses, et plus compliqué que de vider un poulet, si ça vous dit quelque chose.

Un haussement d'épaules et une intraveineuse de Soupline remplacent avantageusement le meurtre.

Il est parti

Il n'a emporté que son antivol de scooter ? Il reviendra sans doute. Et il se montrera désagréable avec vous, puisque vous aviez oublié les chips à l'ancienne.

Il n'a rien emporté, rien dit, vous trouvez sur le buffet un post-it avec l'adresse de Me Archichian, avocat à la Cour : il est parti-parti.

Un mari, c'est rare et cher, tout le monde est bien d'accord ; il suffit de voir la tête verte de vos copines célibataires quand vous parlez des tarifs couple SNCF pour sentir la jalousie environnante. Mais un mari à tendance fuyante, c'est du bas de gamme, avouons-le. On en trouve encore plus facilement que d'amants en rut sur 3615 PRIAP.

– Scannez les annonces « Rencontres » du *Nouvel Observateur*. Tout impétrant s'y dépeint en chef d'entreprise surbooké, riche et généreux, quinqua mais « *paraissant moins* », « *épicurien* », et cherche une JF nécessairement « *jeune, vraiment jolie, aimant la vie et ses plaisirs* ». Décodez, et traduisez : « *59 ans, paraissant 58 sur une banquette chez Castel, ne mégotant pas pour se distraire de son poste à responsabilités* (il dirige la station d'épuration de Balinville-sur-Quenotte), *gros appétit et bourrelets afférents, cherche très jeune cochonne à porte-jarretelles, désinhibée à bloc, pour l'accompagner en boîte échangiste.* » Ne répondez pas à l'annonce par une lettre d'insultes personnalisée : il ne s'agit pas forcément de votre mari.

– Changez les serrures pour l'empêcher de revenir, quand il aura compris que sans vous la vie ne vaut pas tripette. Et que les jeunes cochonnes ne restent jeunes et cochonnes que jusqu'au mariage.

Mon truc en plus

Face à un mari escampette :

Commencez par lui pourrir la vie. Rien de plus simple que de lancer des rumeurs comme quoi le mari gruge le fisc, fayote au boulot, et n'assure pas une cacahuète au lit. Certaines, et j'en connais, rajoutent des hémorroïdes ou un zona pour finir le tableau. Je ne juge pas. Mais c'est vrai que c'est plus rigolo avec une maladie.

Un mari à tout prix ?

Si vous m'avez suivie jusqu'ici, c'est que mes conseils vous ont semblé dignes d'intérêt. Simplement, vous n'avez pas bien tout assimilé : votre mari est mal élevé !

Avant de prendre un amant ou une décision que vous pourriez regretter, réfléchissez : dans votre couple, s'il y a quelqu'un de responsable, c'est bien vous, non ? Alors au lieu de vous énerver, reprenez calmement la lecture de ce livre, de la première page à la dernière. (Vous pouvez omettre la postface.)

POSTFACE

Quelques mots d'un mari bien élevé

Vous venez juste de terminer ce livre, et tout naturellement vous pensez que j'ai servi de modèle à Frigide Barjot. Vous m'imaginez sous les traits de cet époux gaffeur, incapable, velléitaire, colérique, bref normal... Vous m'en voyez marri ! Car tous ceux, nombreux, qui me connaissent et qui, plus rares, m'apprécient savent à quel point je suis différent.

Même s'il m'est arrivé de travailler, jamais je n'ai fait l'erreur de fréquenter un bureau et les collègues y afférant. Jamais je n'ai manifesté un quelconque intérêt pour les voitures, l'informatique domestique, ni même pour le choc des titans entre Sedan et Guingamp. Et pour finir, contrairement au modèle de cet ouvrage, je risque d'autant moins de retomber en enfance que je n'en suis jamais sorti.

Il faut donc saluer la capacité d'abstraction de Frigide – qui, je l'espère, aura agréablement surpris les lecteurs autant que moi-même. Bien sûr, je mentirais en prétendant que je ne me suis pas reconnu ici ou là. Oui, c'est bien moi qui écoute les Ramones à fond en passant l'aspirateur, et je suis aussi cet hypocondriaque américanocinéphile qui tente d'arrêter de fumer des gins tonics. Mais pour autant, je ne suis pas vraiment le mari décrit, pas plus que Frigide n'est elle-même la femme qui écrit...

Si mon épouse actuelle a fait ce livre, c'est moins pour vider des querelles domestiques que pour relever le gant de la misogynie de comptoir (si j'ose dire). Quoi de plus normal, à l'heure de la parité ? Depuis la nuit des temps, il est de bon ton de rire des travers de l'autre sexe. Car, ne le nions pas, nous sommes différents. Et d'ailleurs, si nous étions semblables, quel intérêt aurait l'homosexualité ?

Bien sûr, la femme est incapable de plier une carte routière et l'homme ne sait pas choisir les rideaux du salon. Mais c'est la rencontre de ces contraires qui fait le sel de la vie, depuis Abel et Caïn jusqu'à Villeroy et Boch en passant par Charles et Diana. Ne l'oublions jamais : la dissension, c'est la vie ! Le consensus n'est que source d'ennui et de douste-blazisme.

J'en conviens bien volontiers : des idées aussi brillantes mériteraient mieux qu'une vulgaire postface : un livre ! Encore faudrait-il l'écrire, et cette simple perspective m'épuise... C'est pourquoi, tout compte fait, j'aime mieux avoir tort avec Frigide que raison tout seul.

Basile de Koch

TABLE DES MATIÈRES

INTRODUCTION

3676

Imprimé en Allemagne par Elsnerdruck

pour le compte des
Nouvelles Éditions Marabout
D. L. n° 41407 - novembre 2003
ISBN : 2-501-03765-0 - Éd. 04